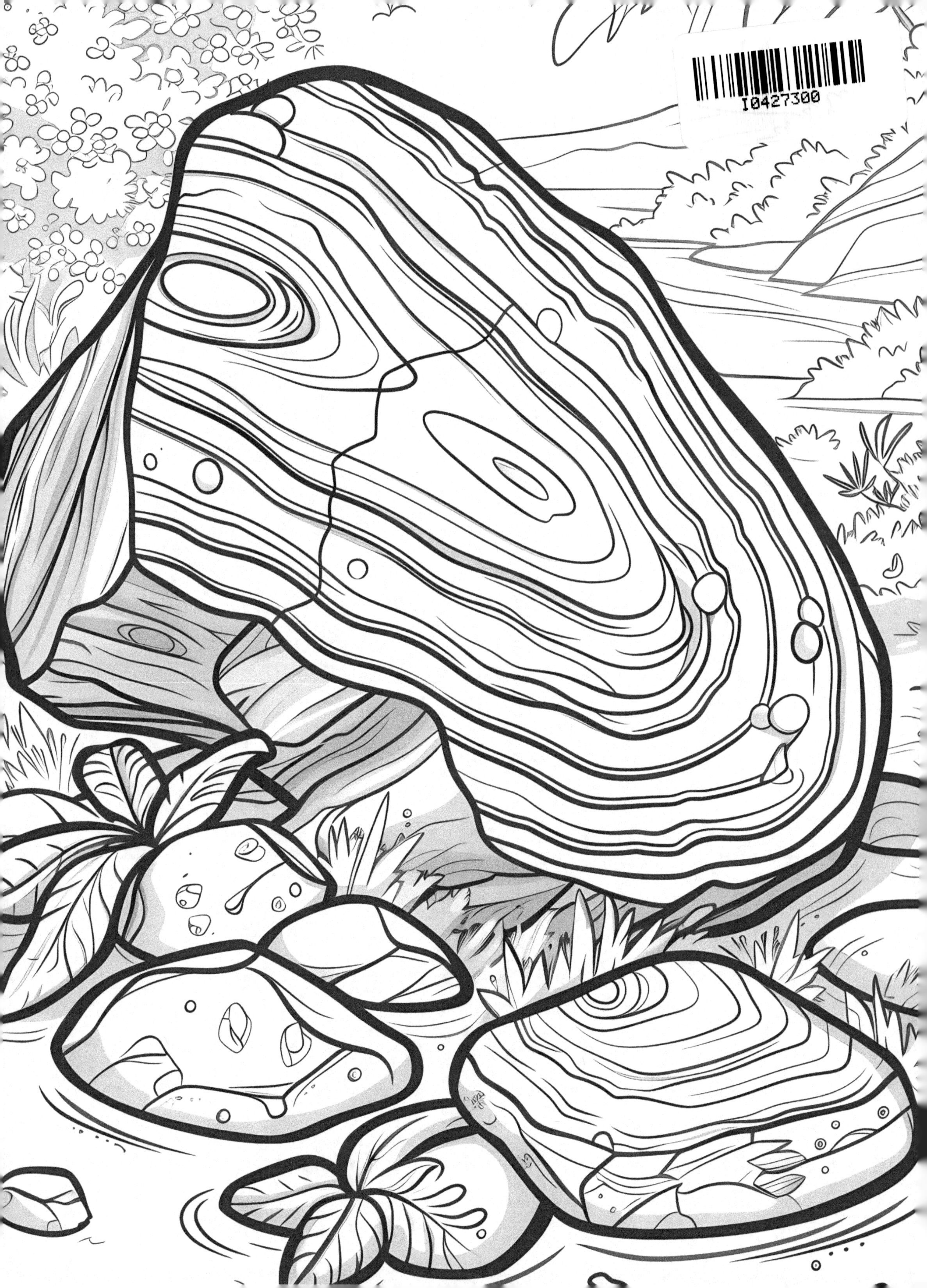

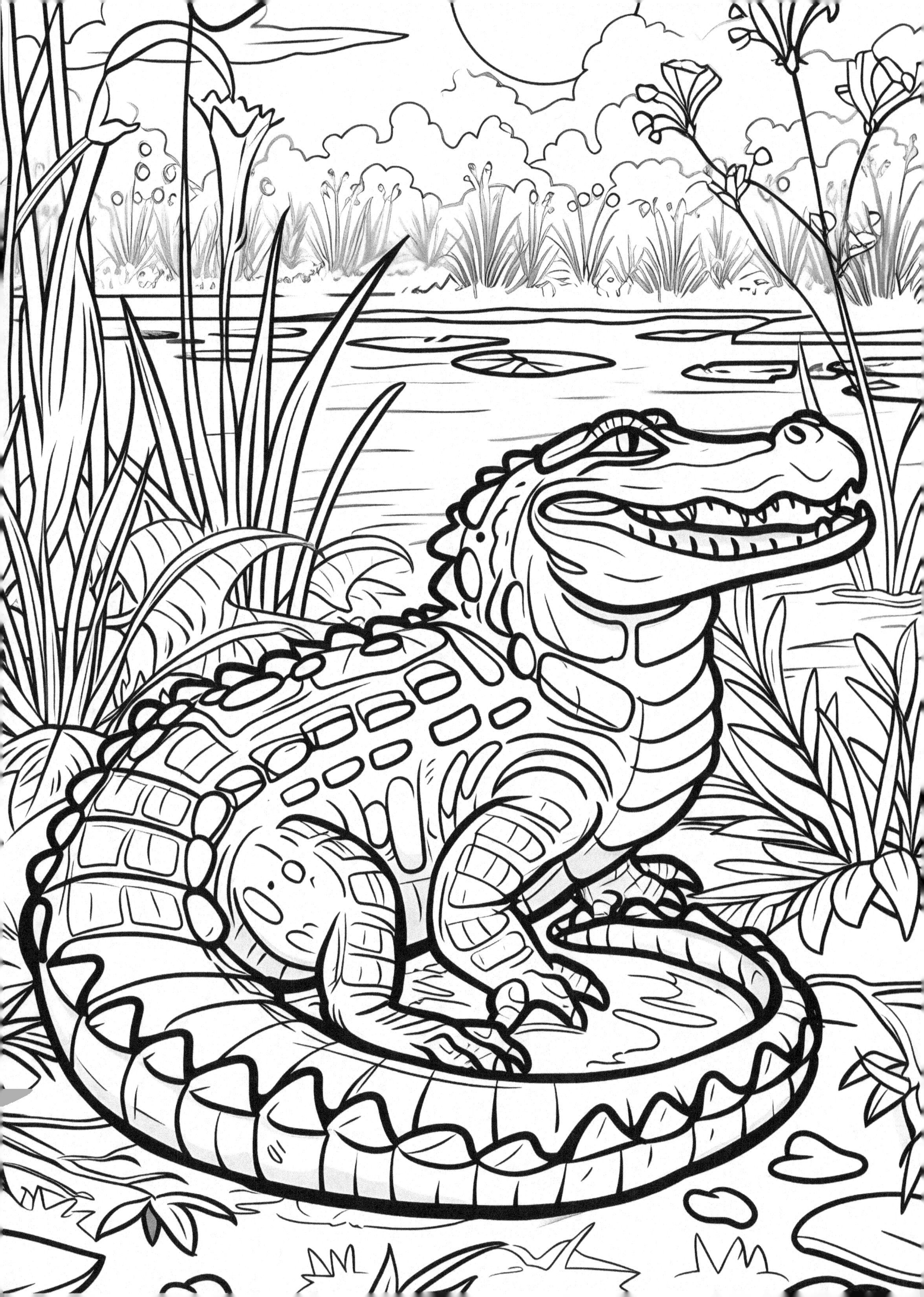

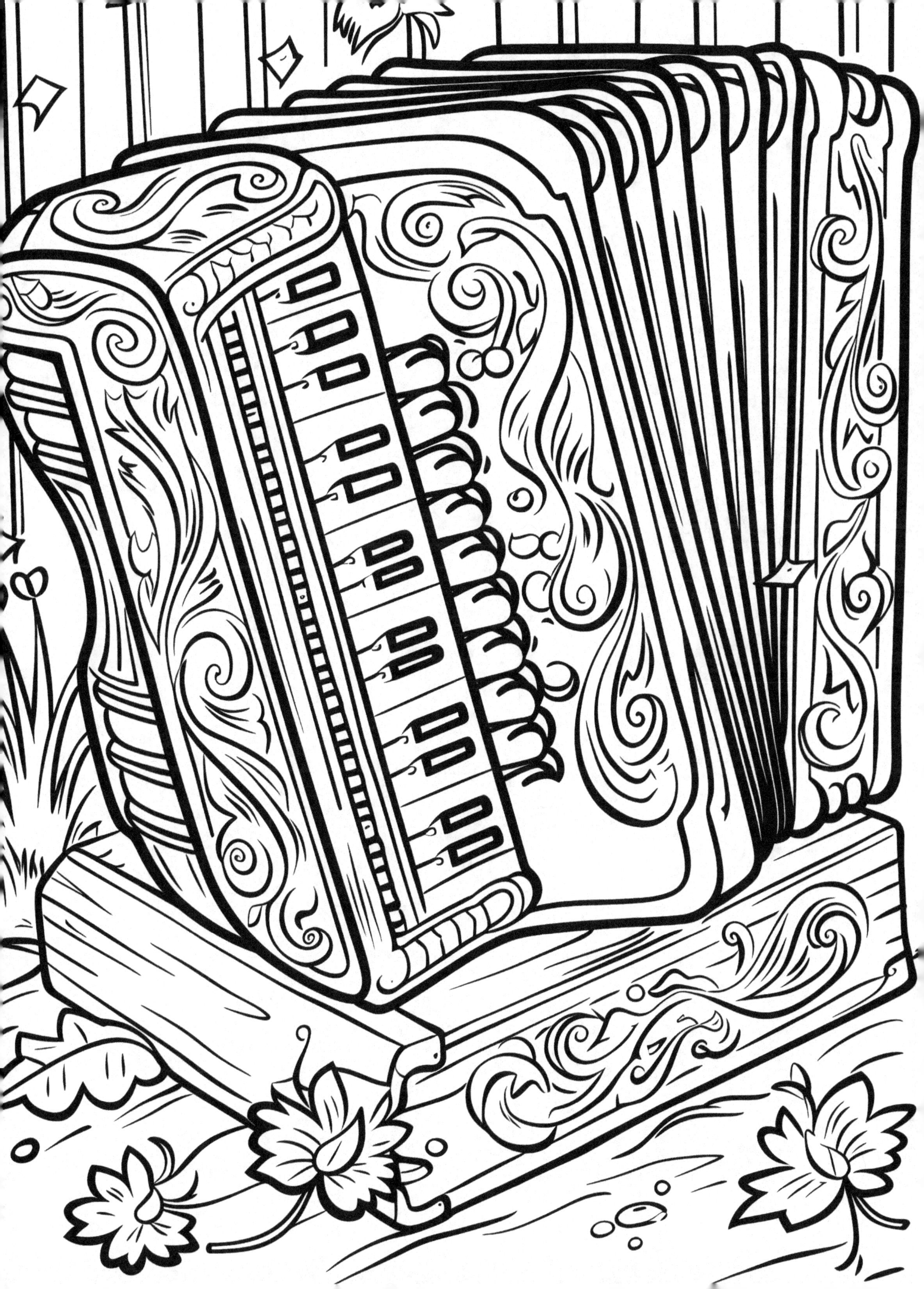

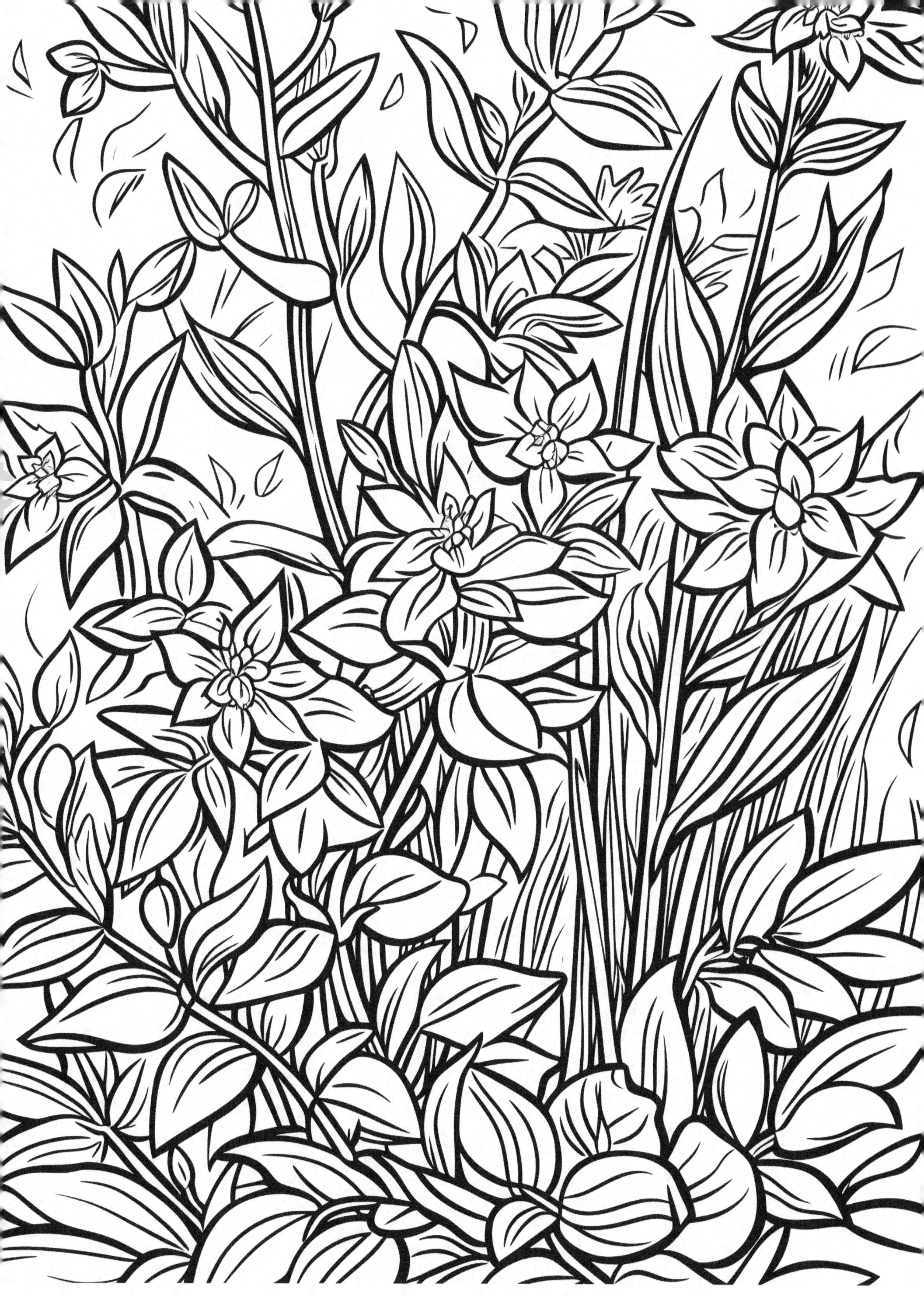

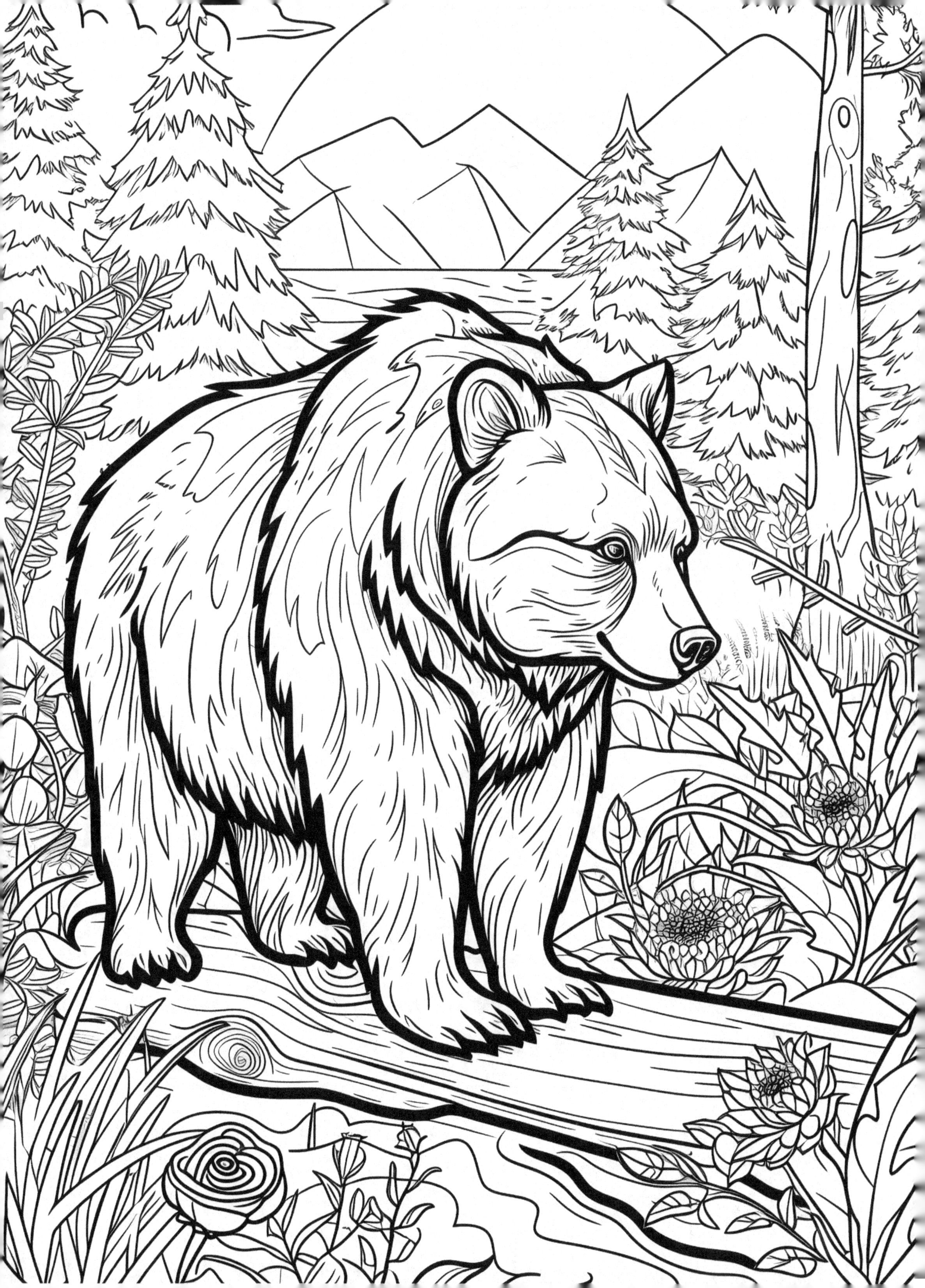

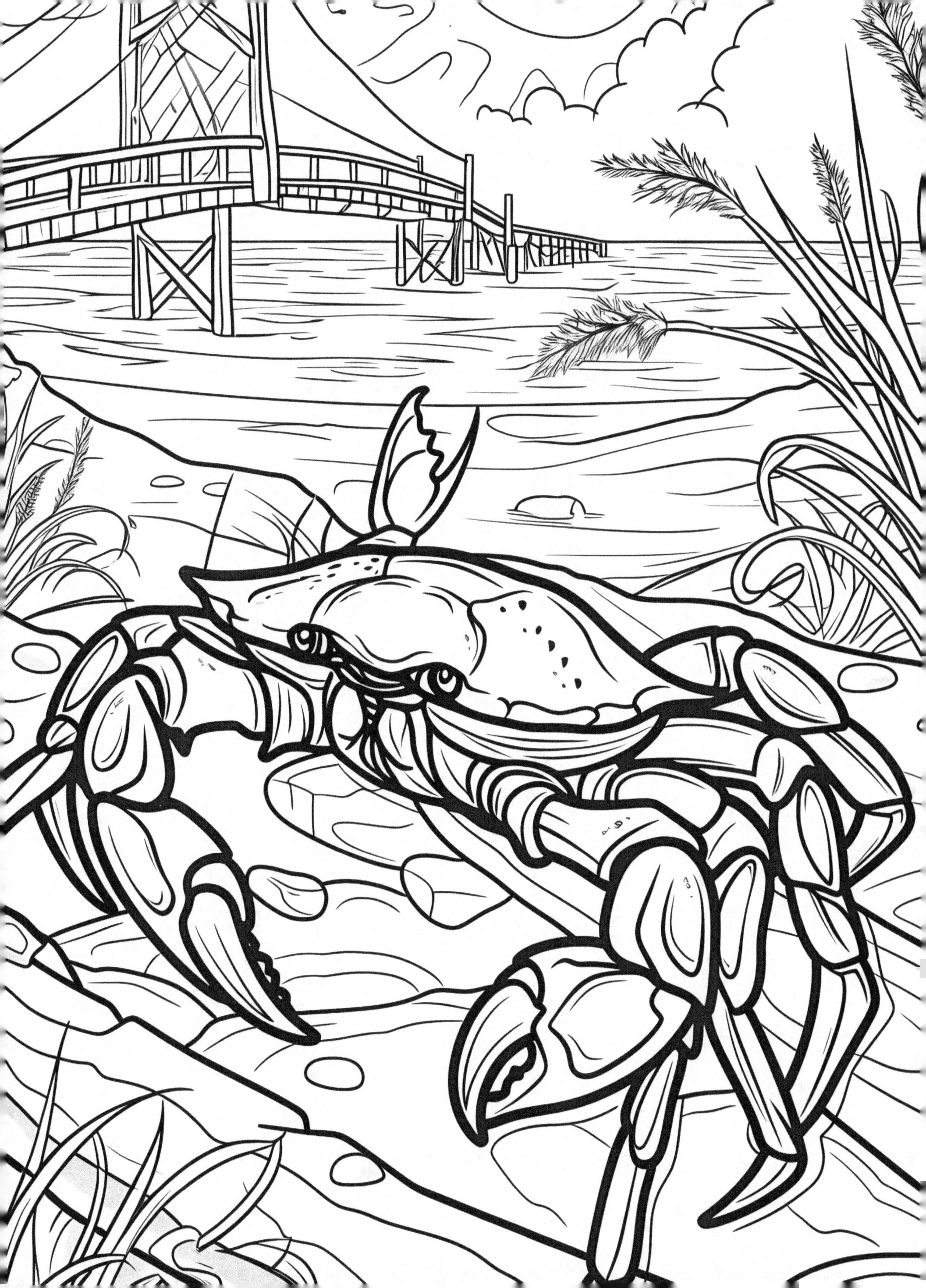

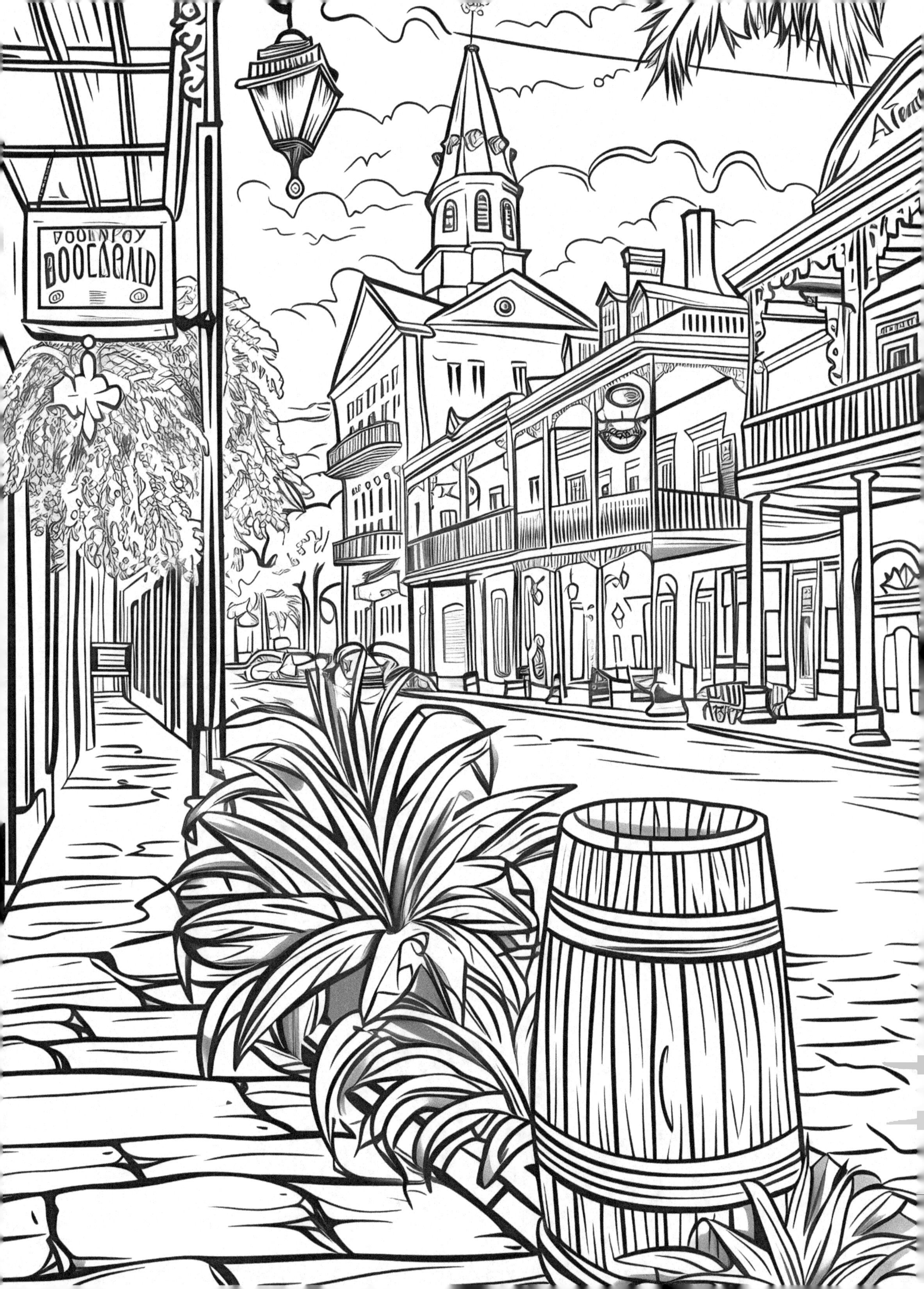

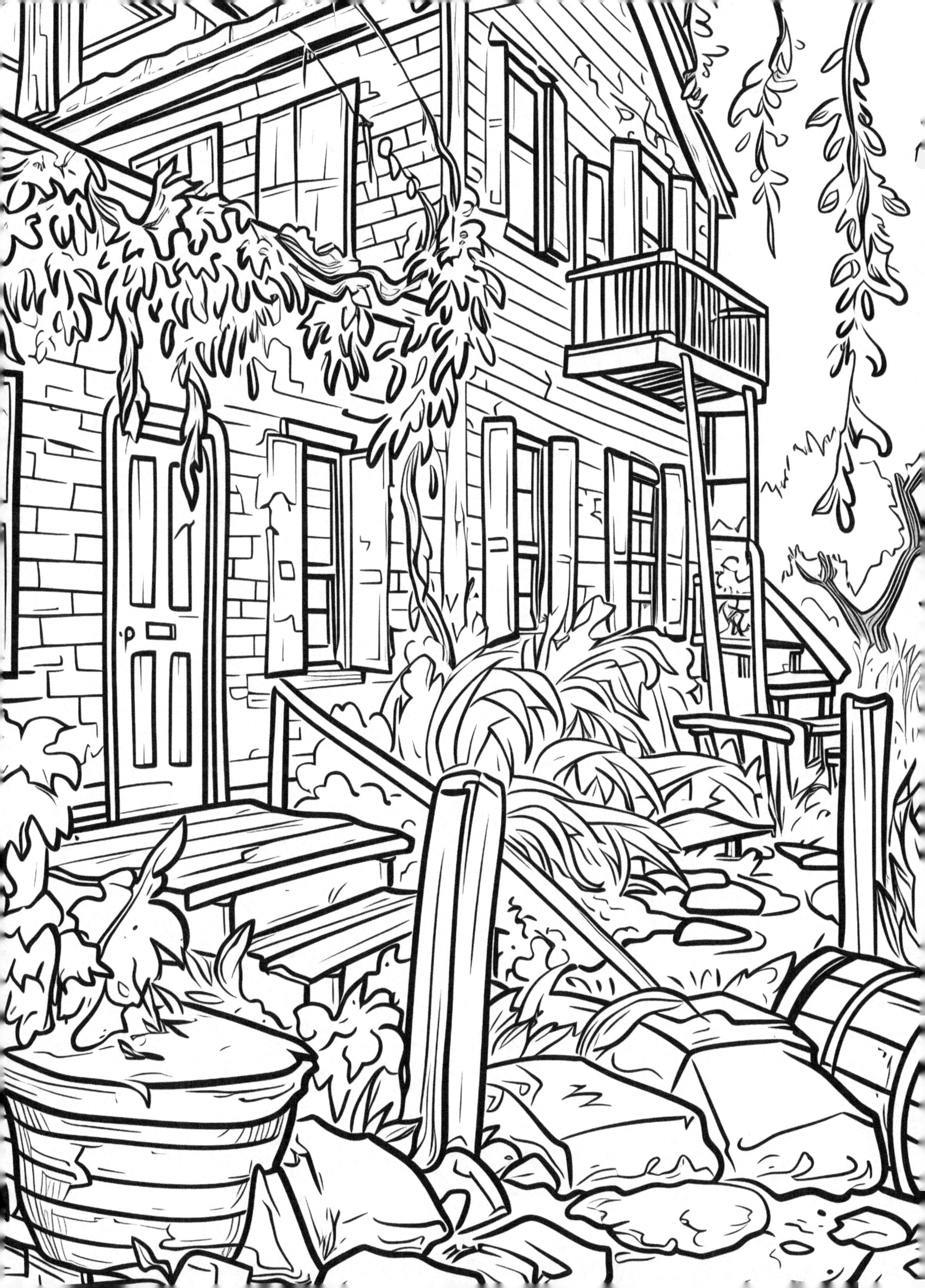

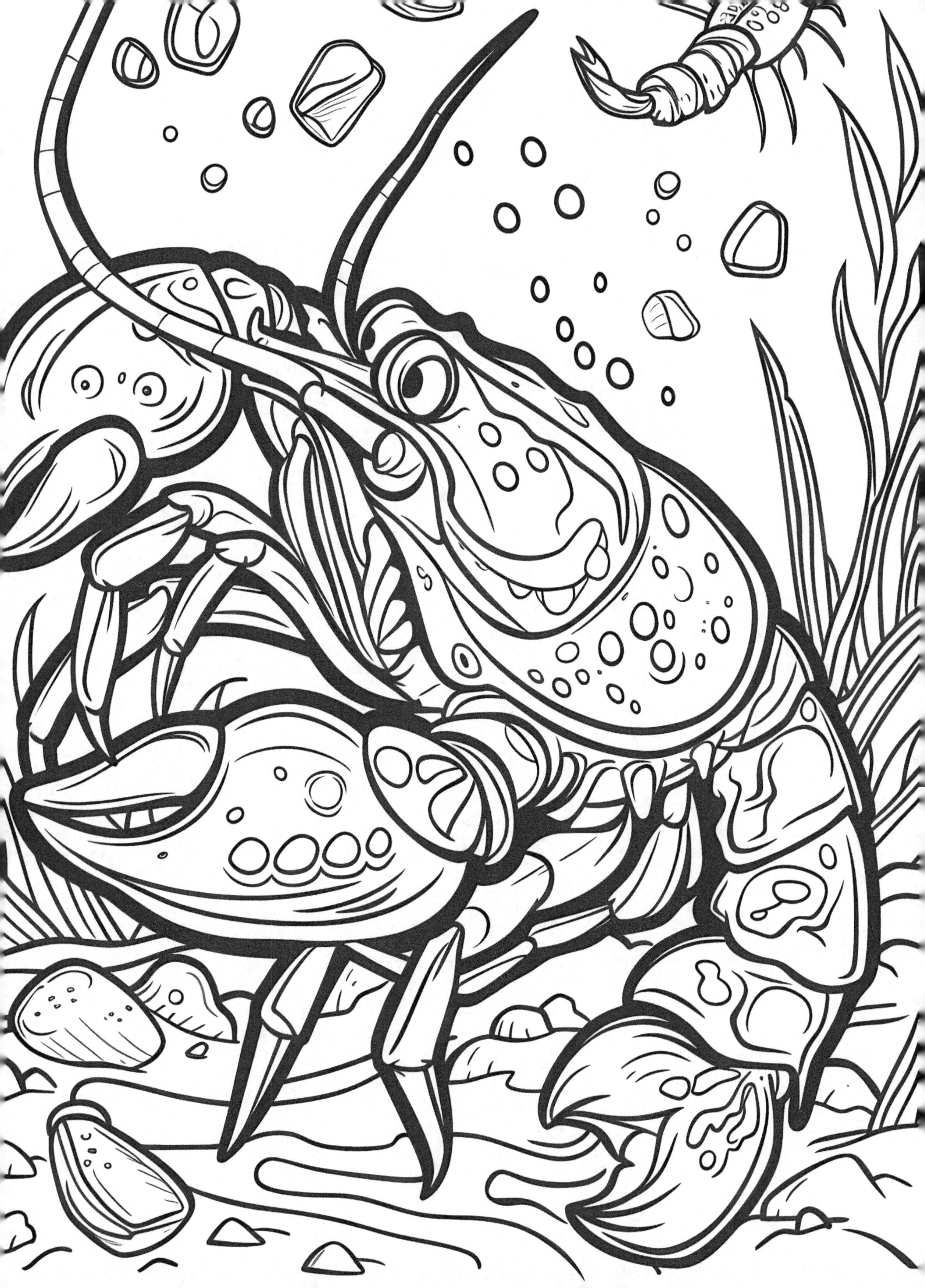

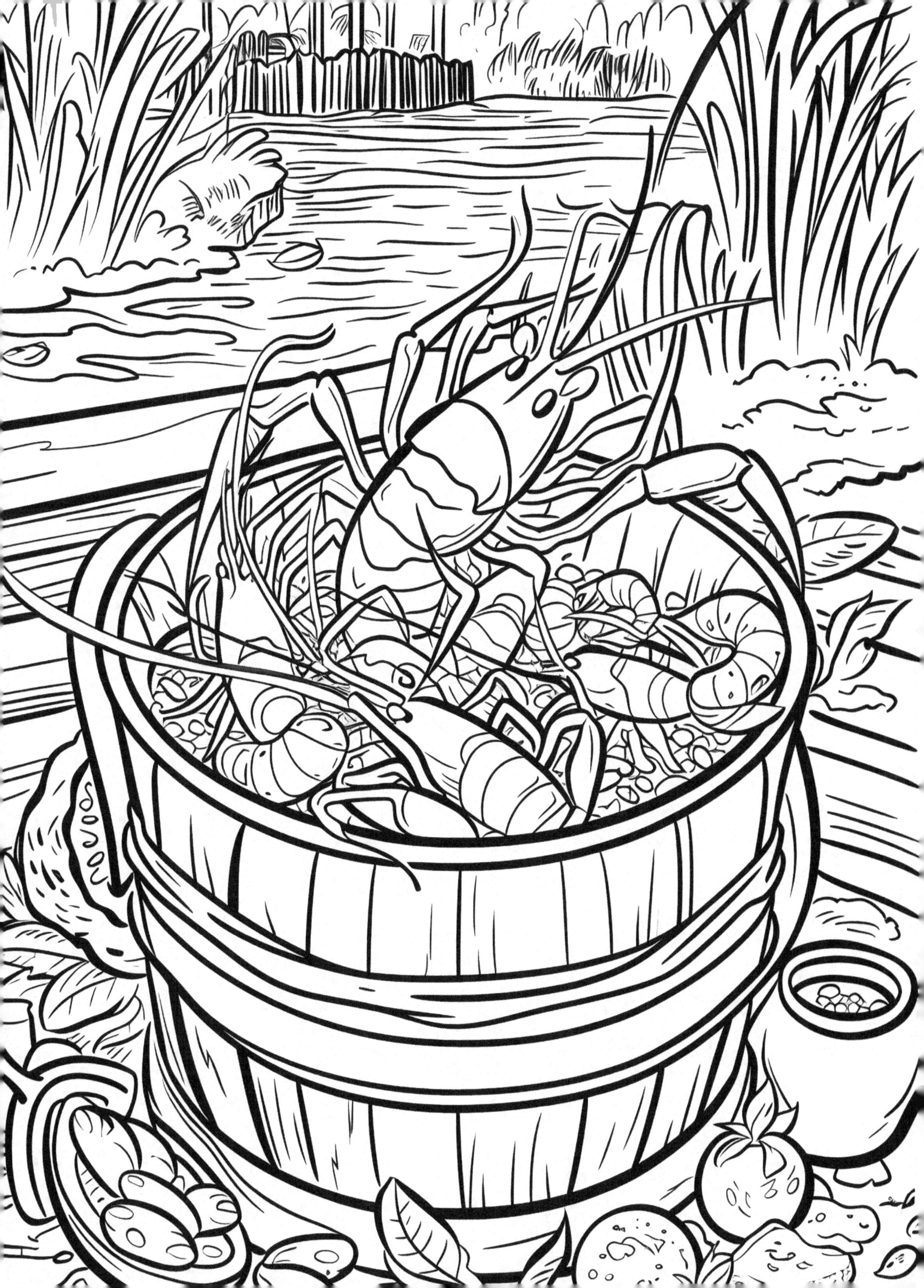

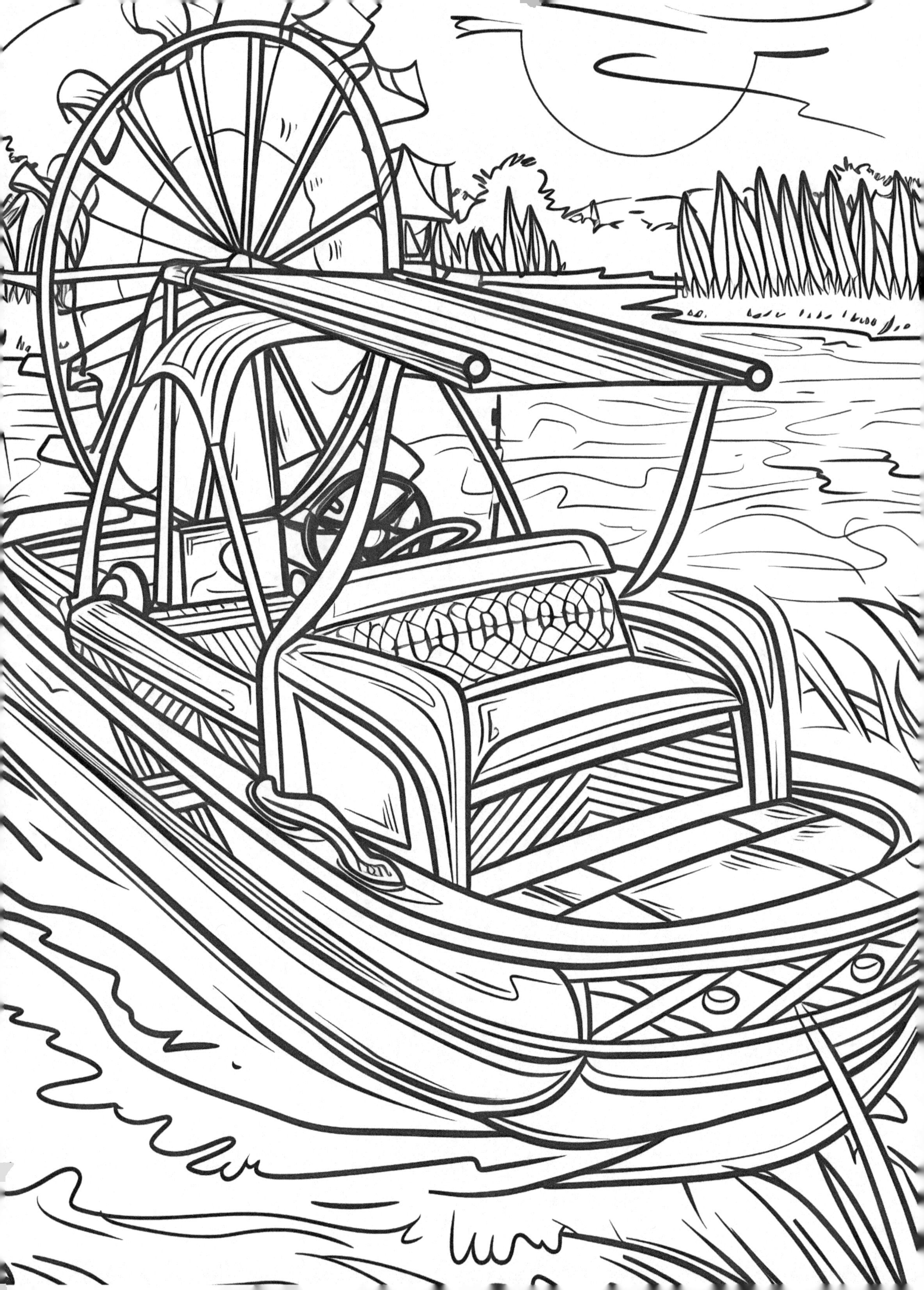

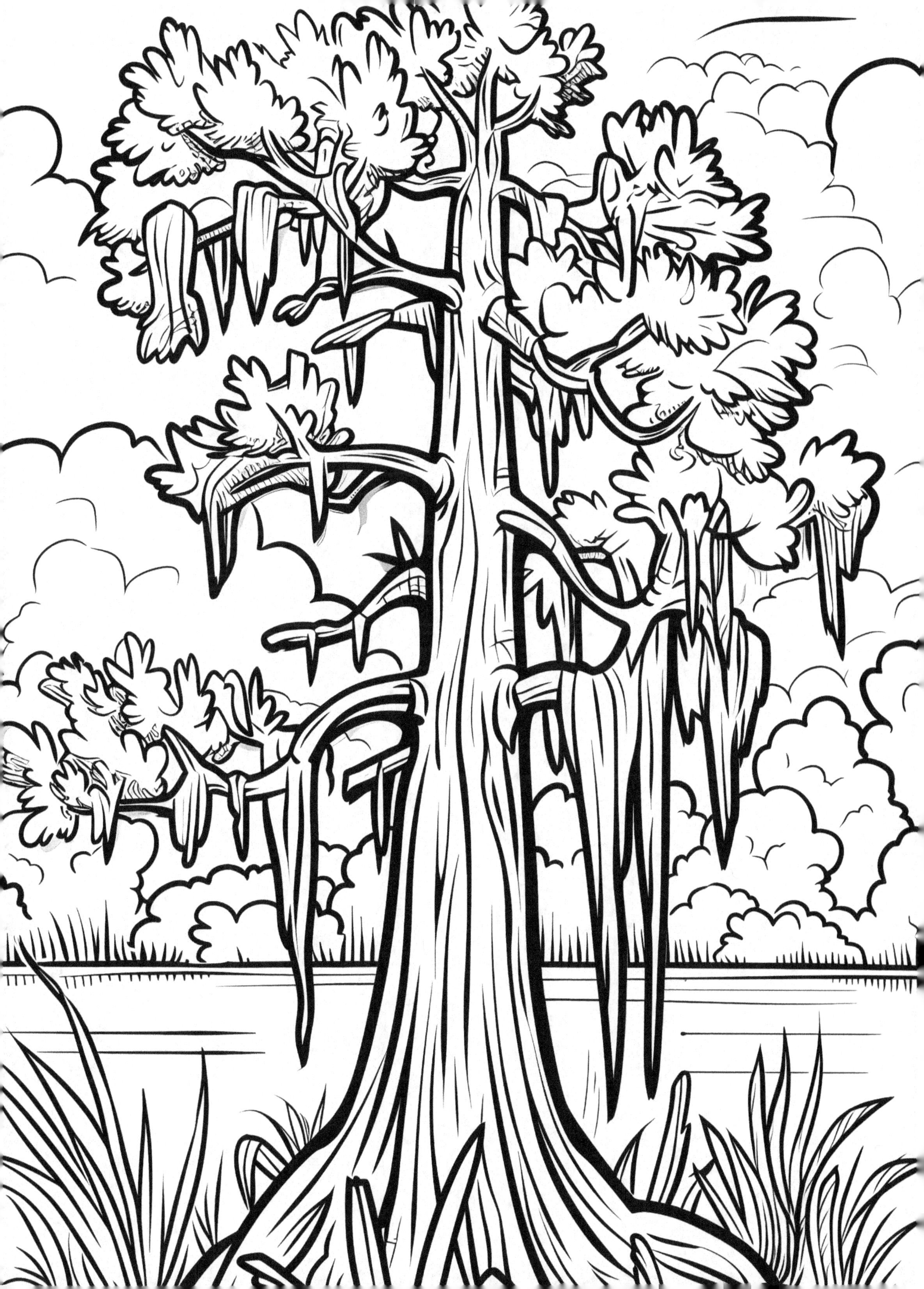

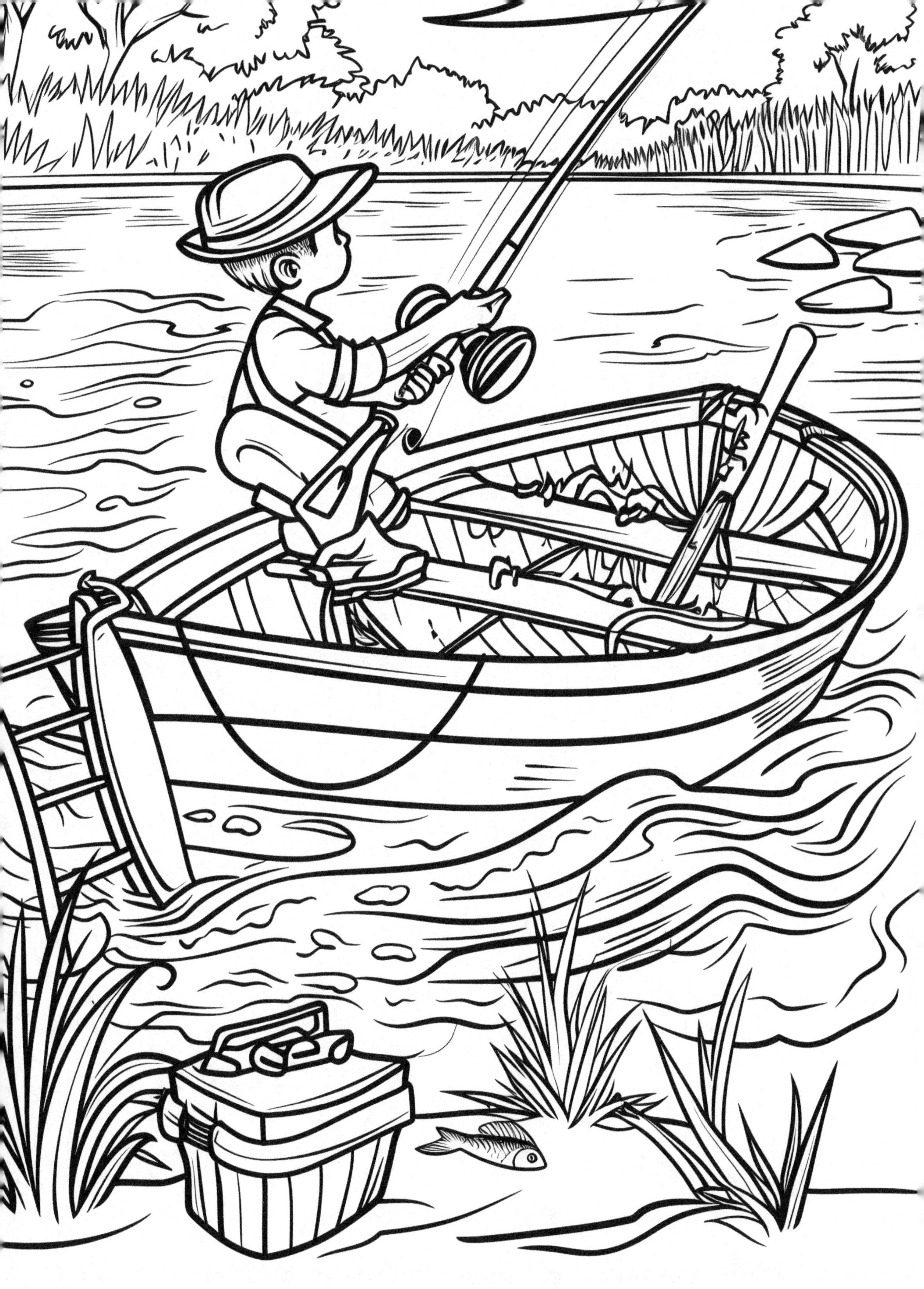

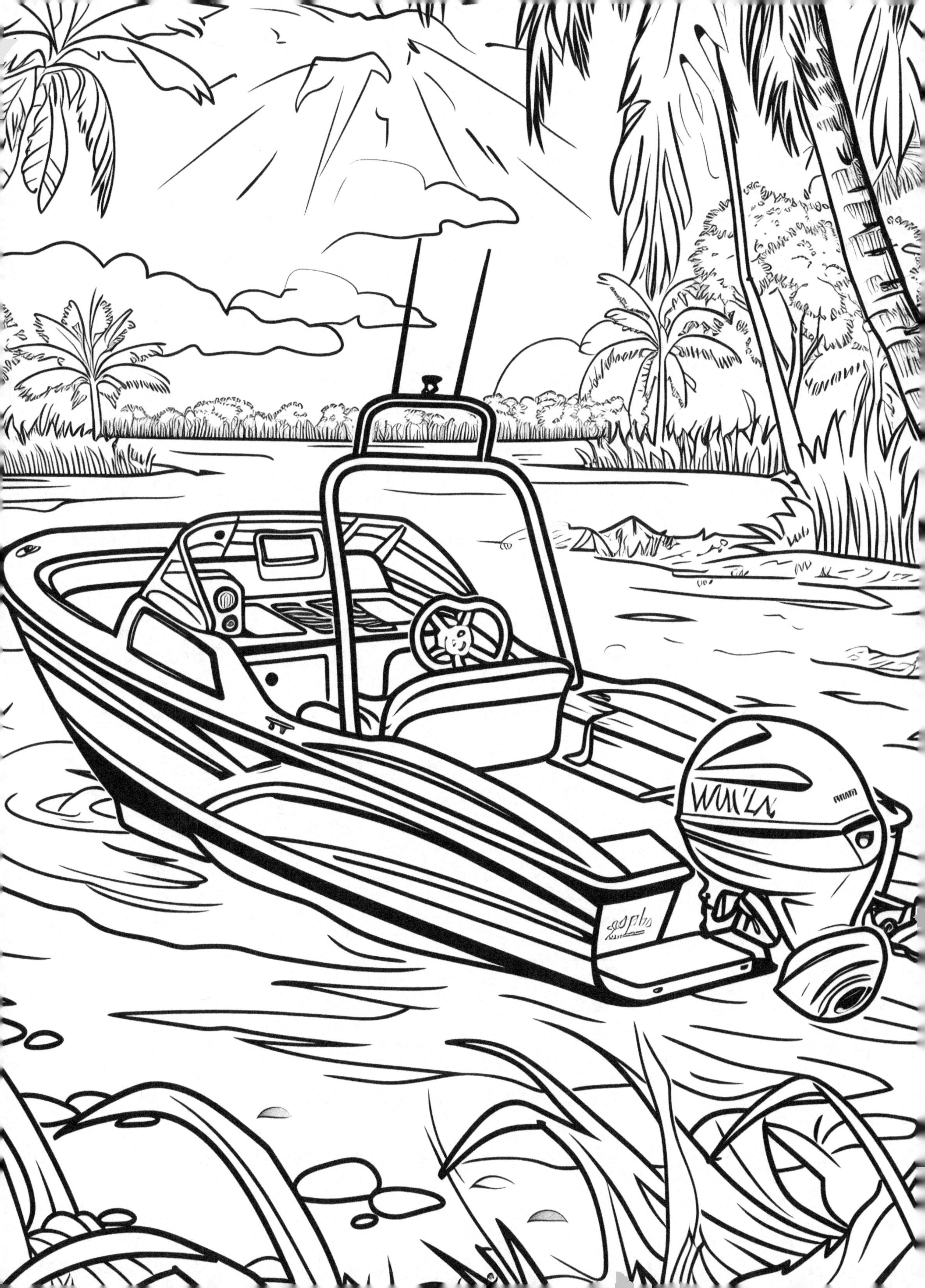

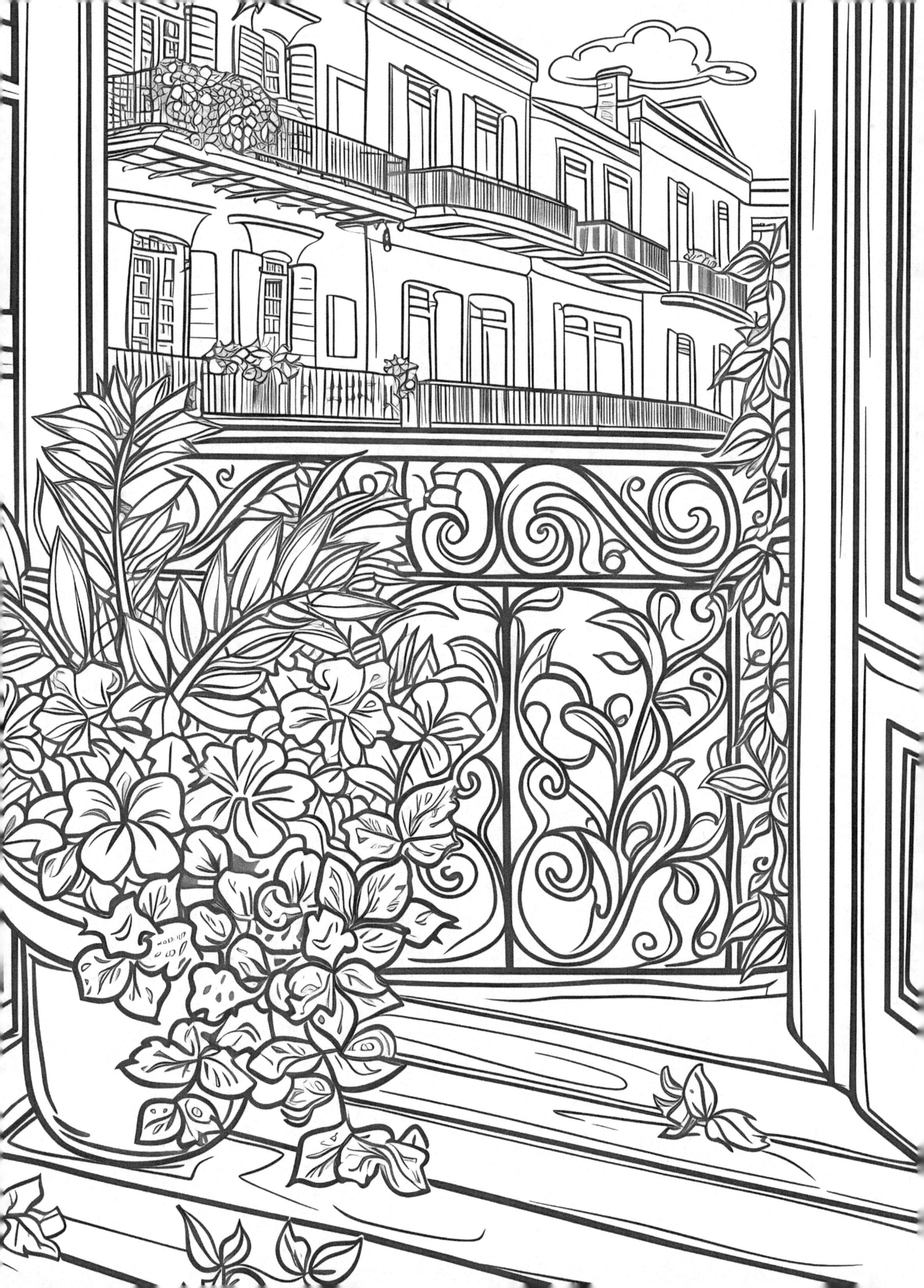

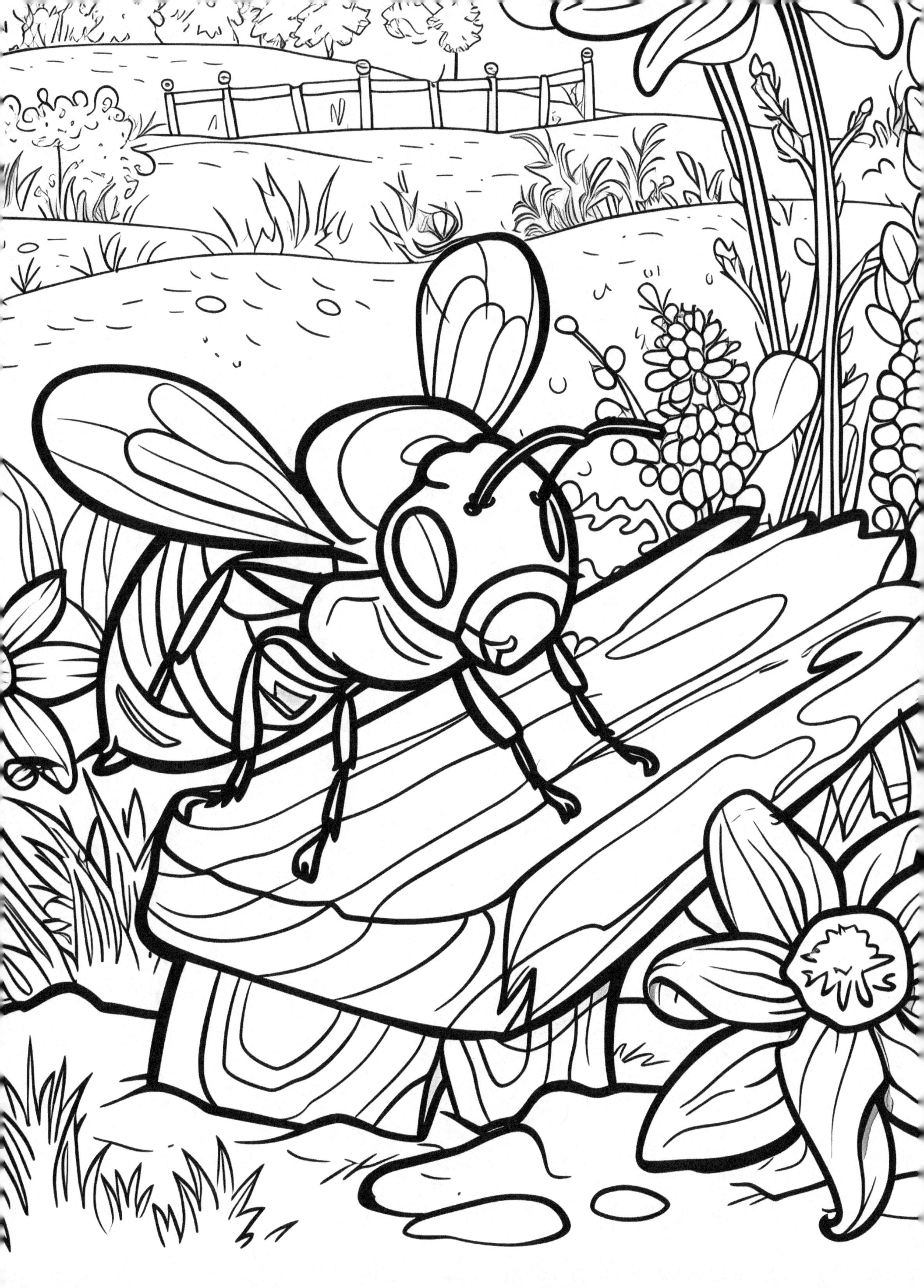

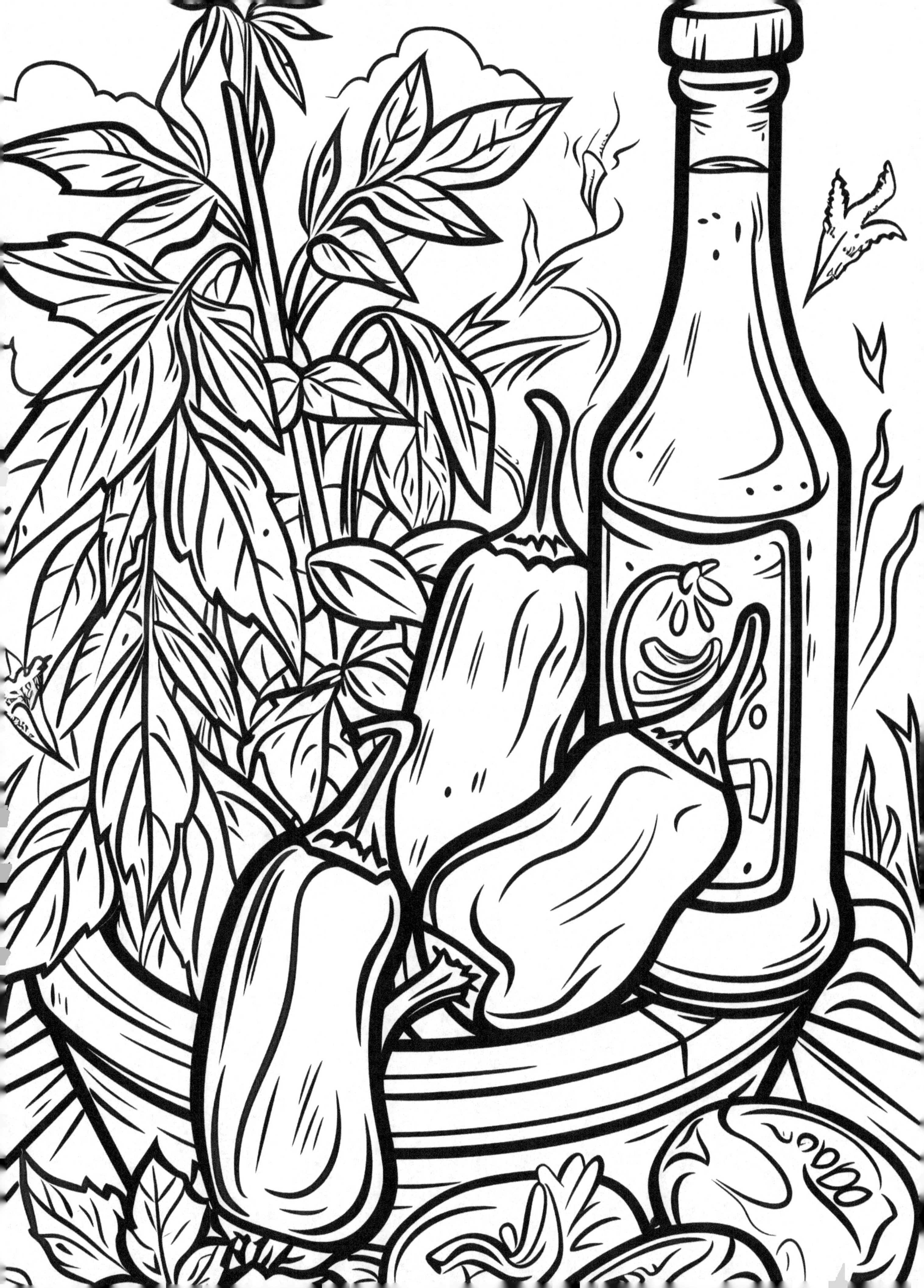

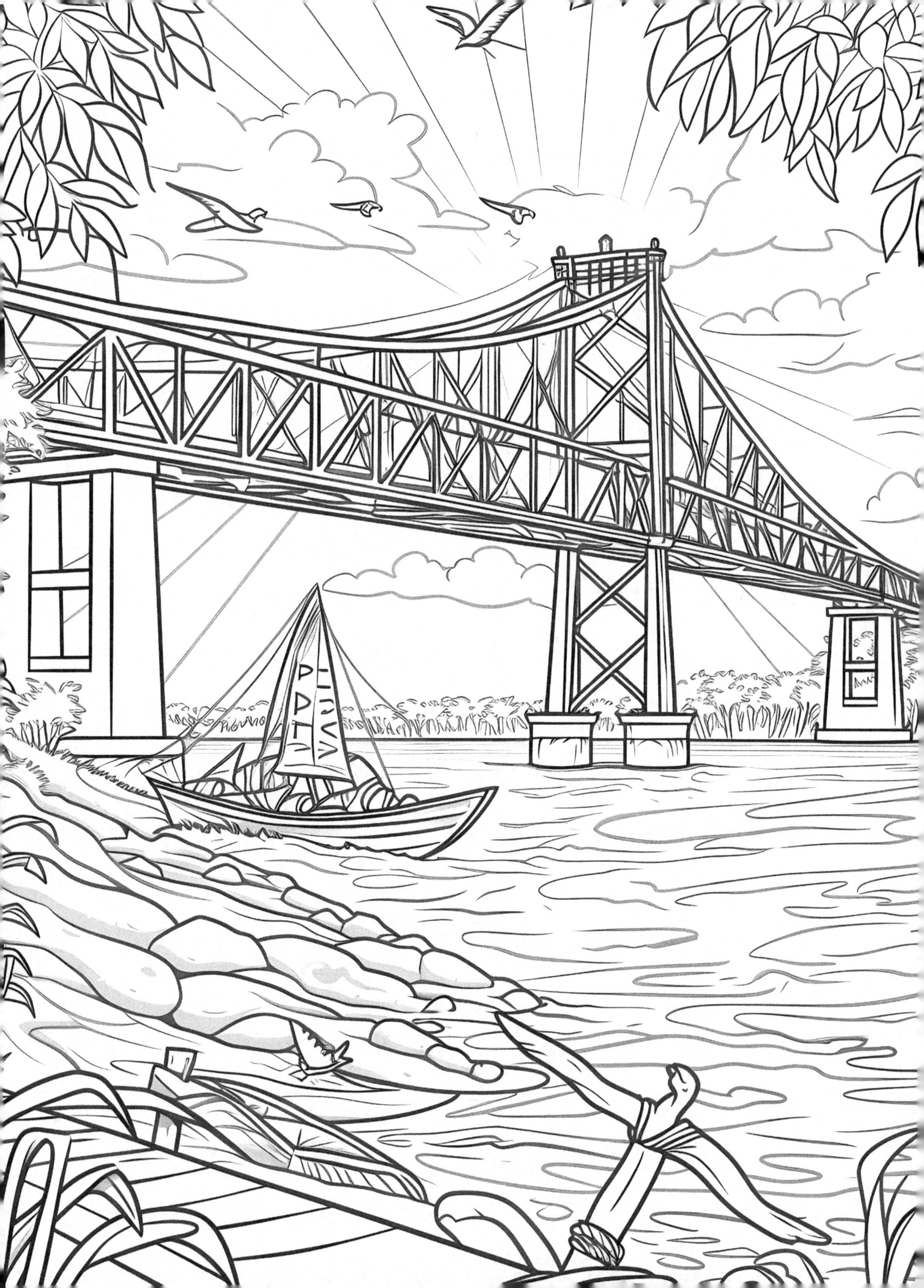

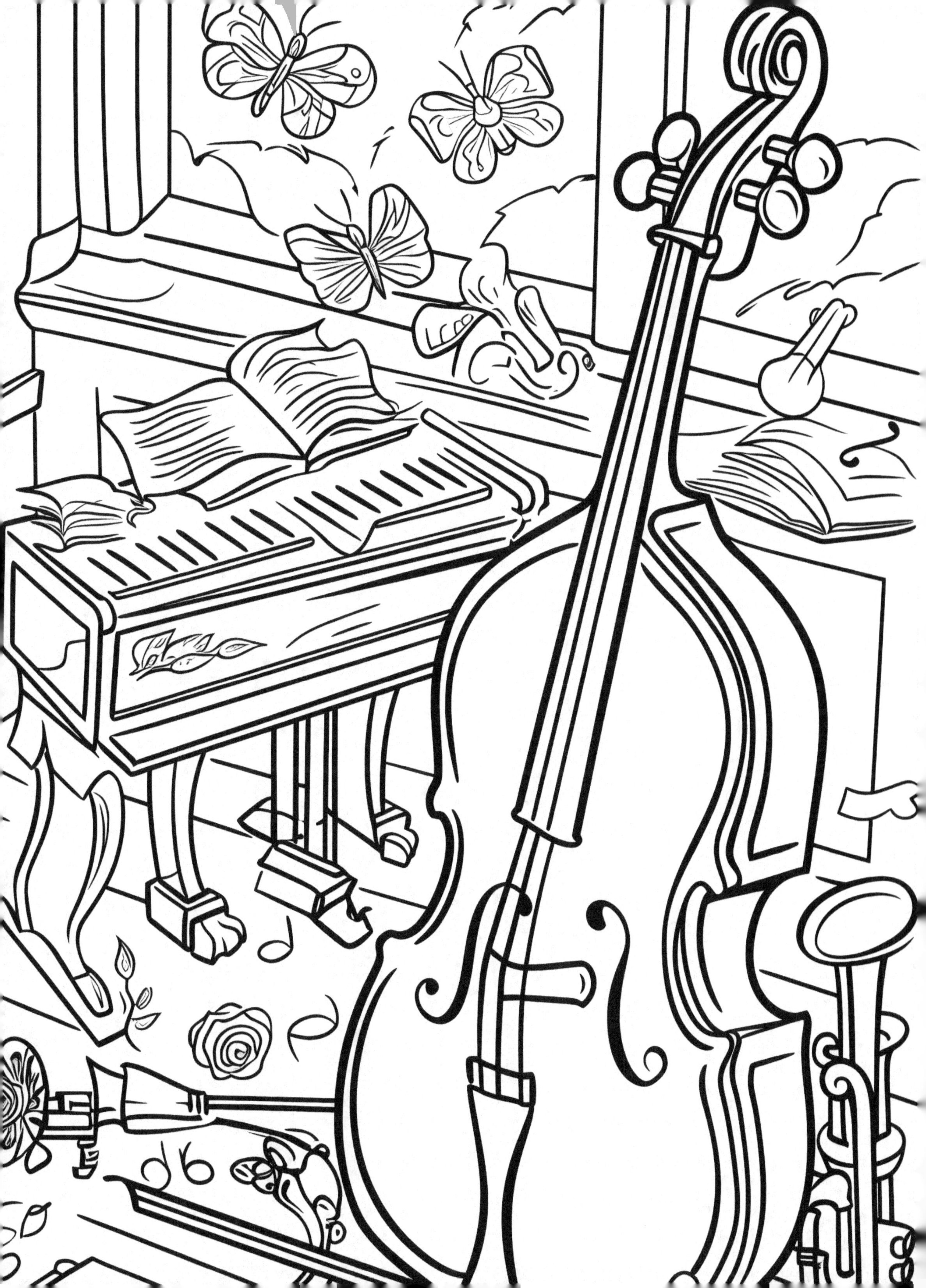

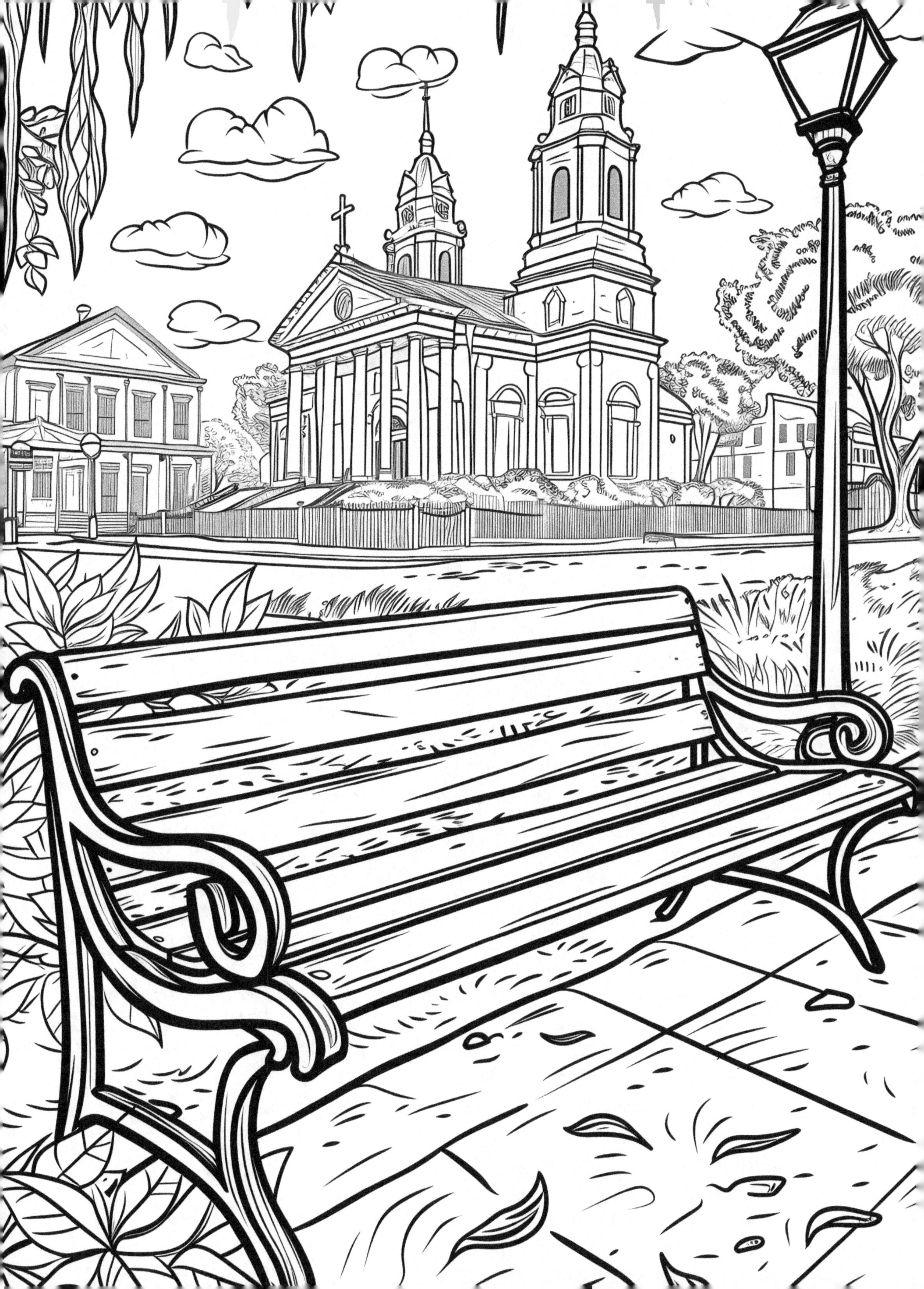

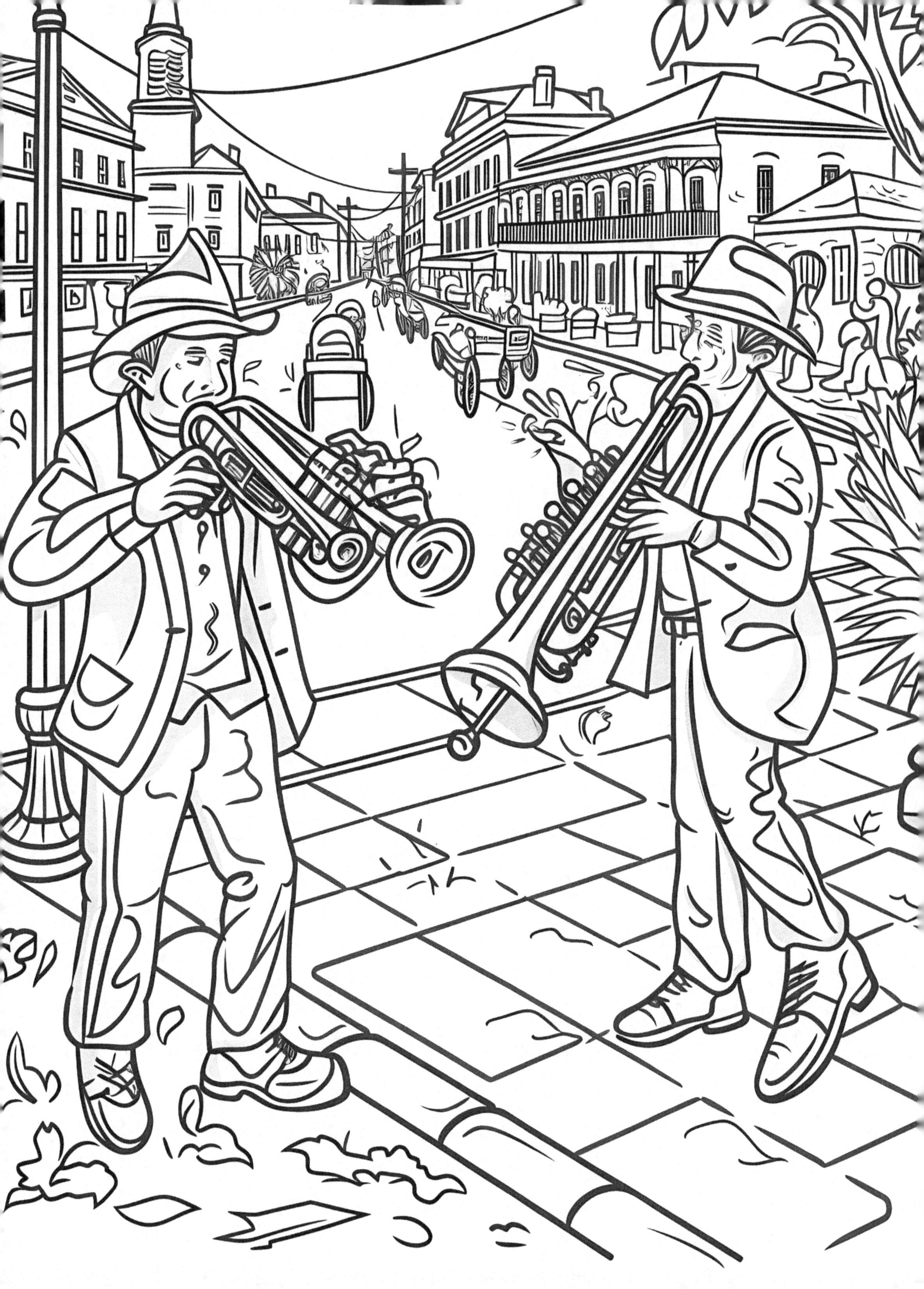

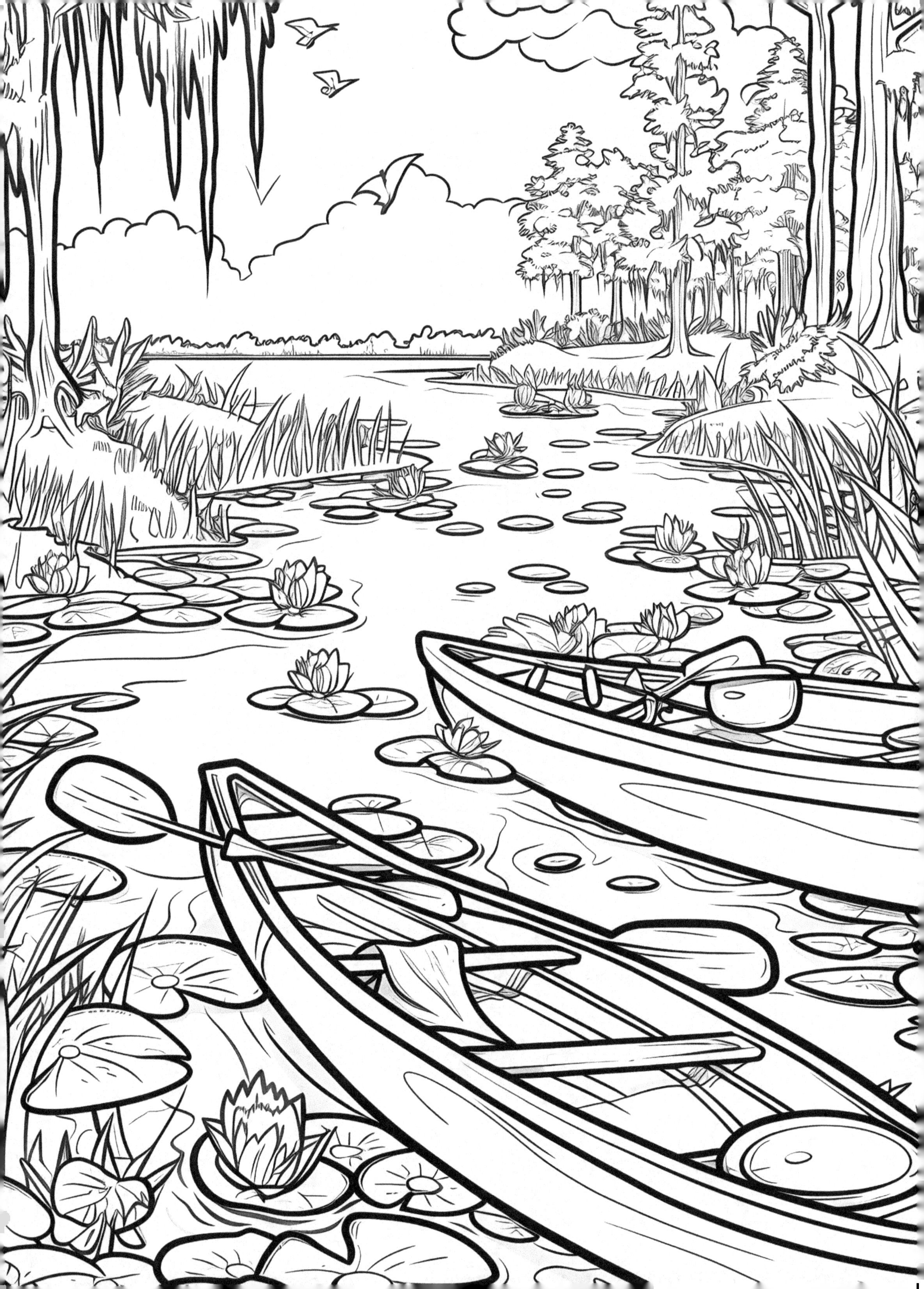

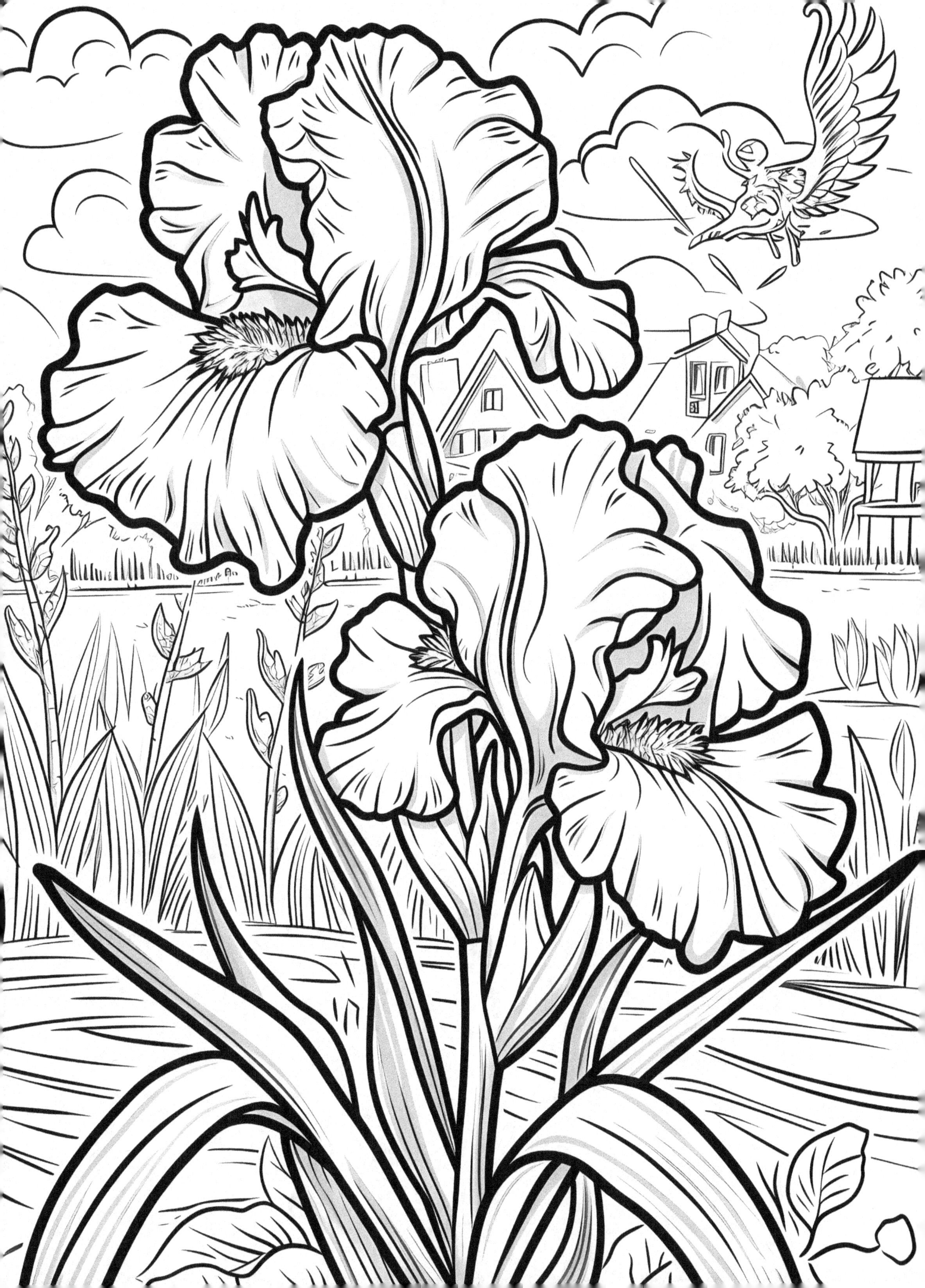

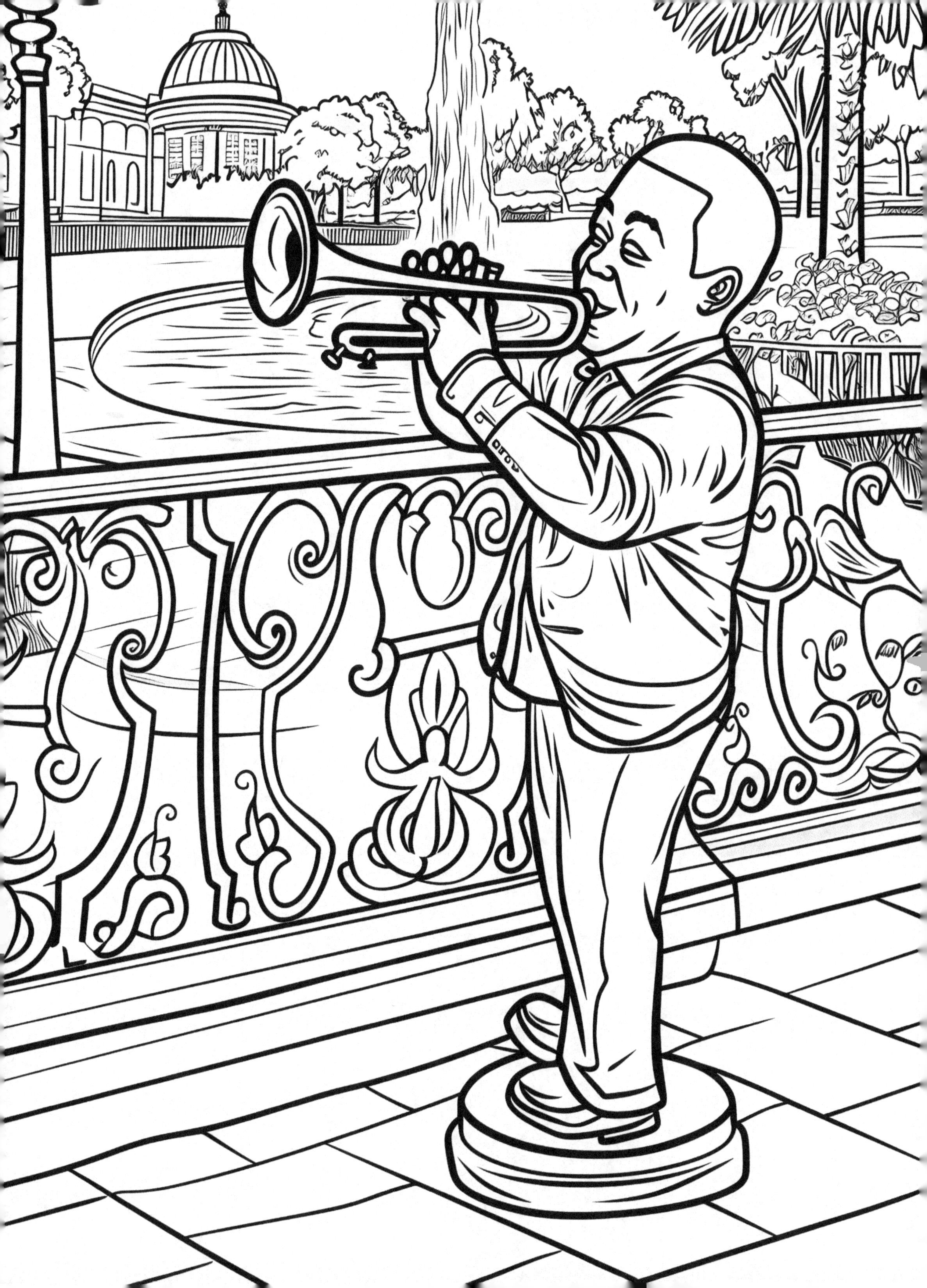

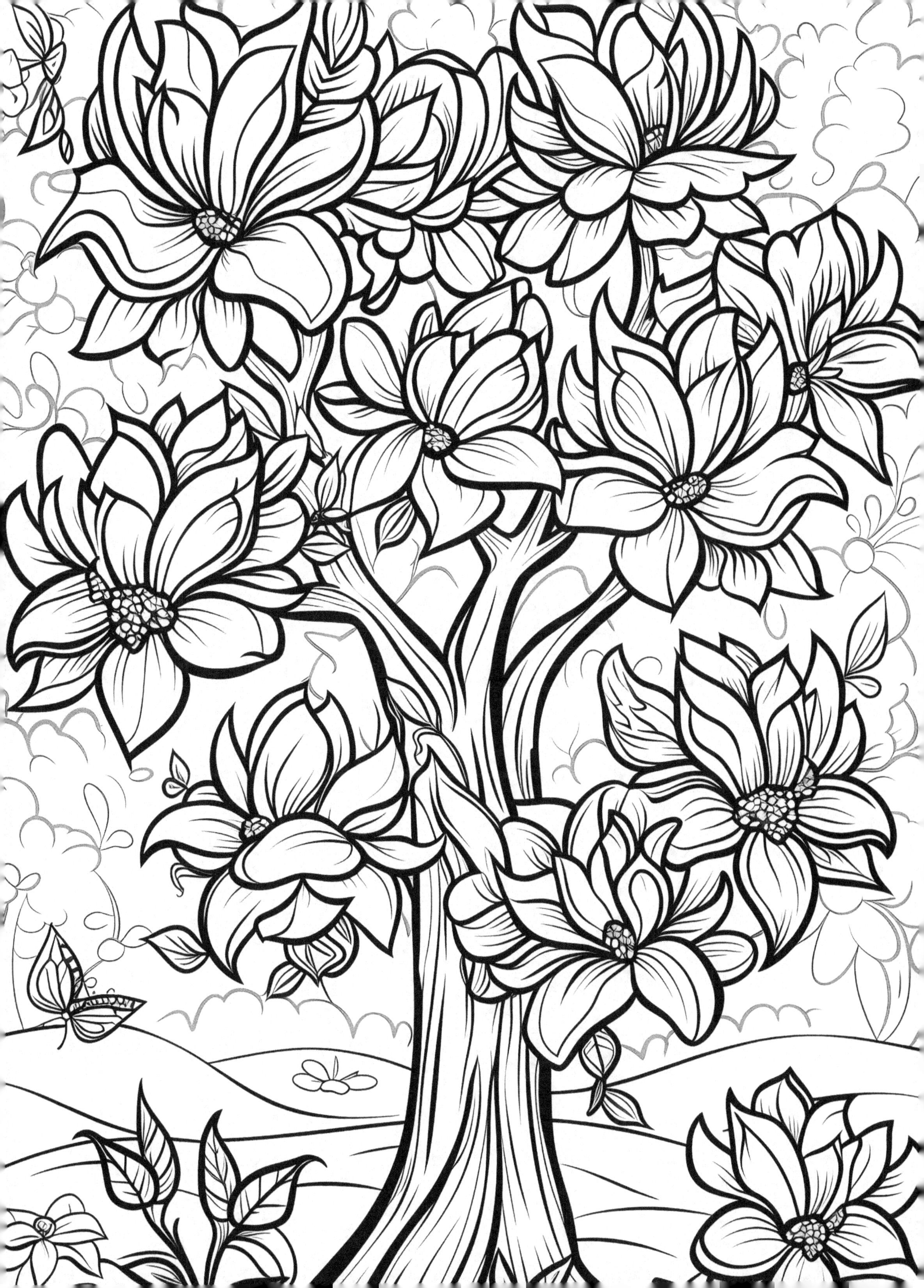

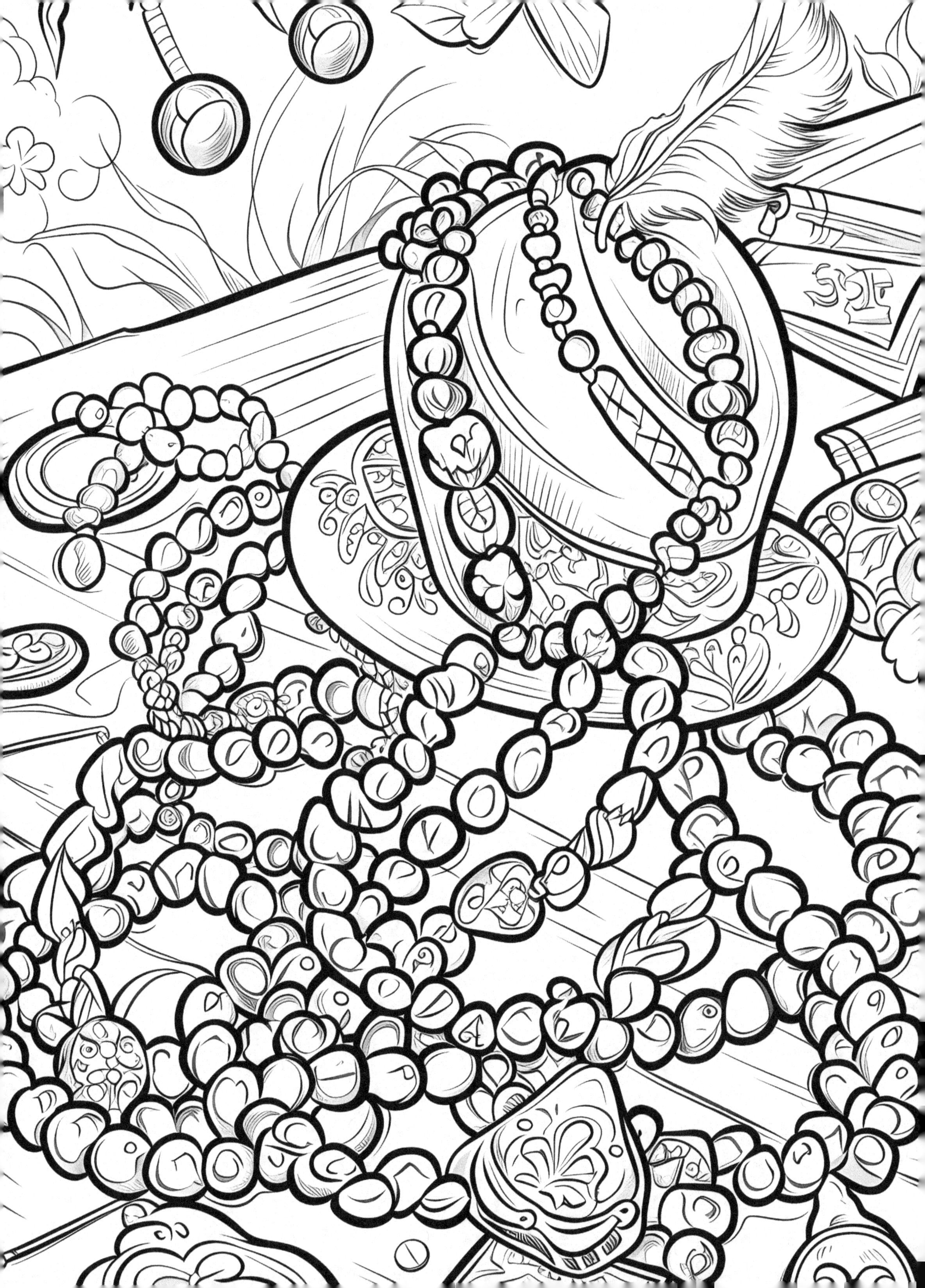

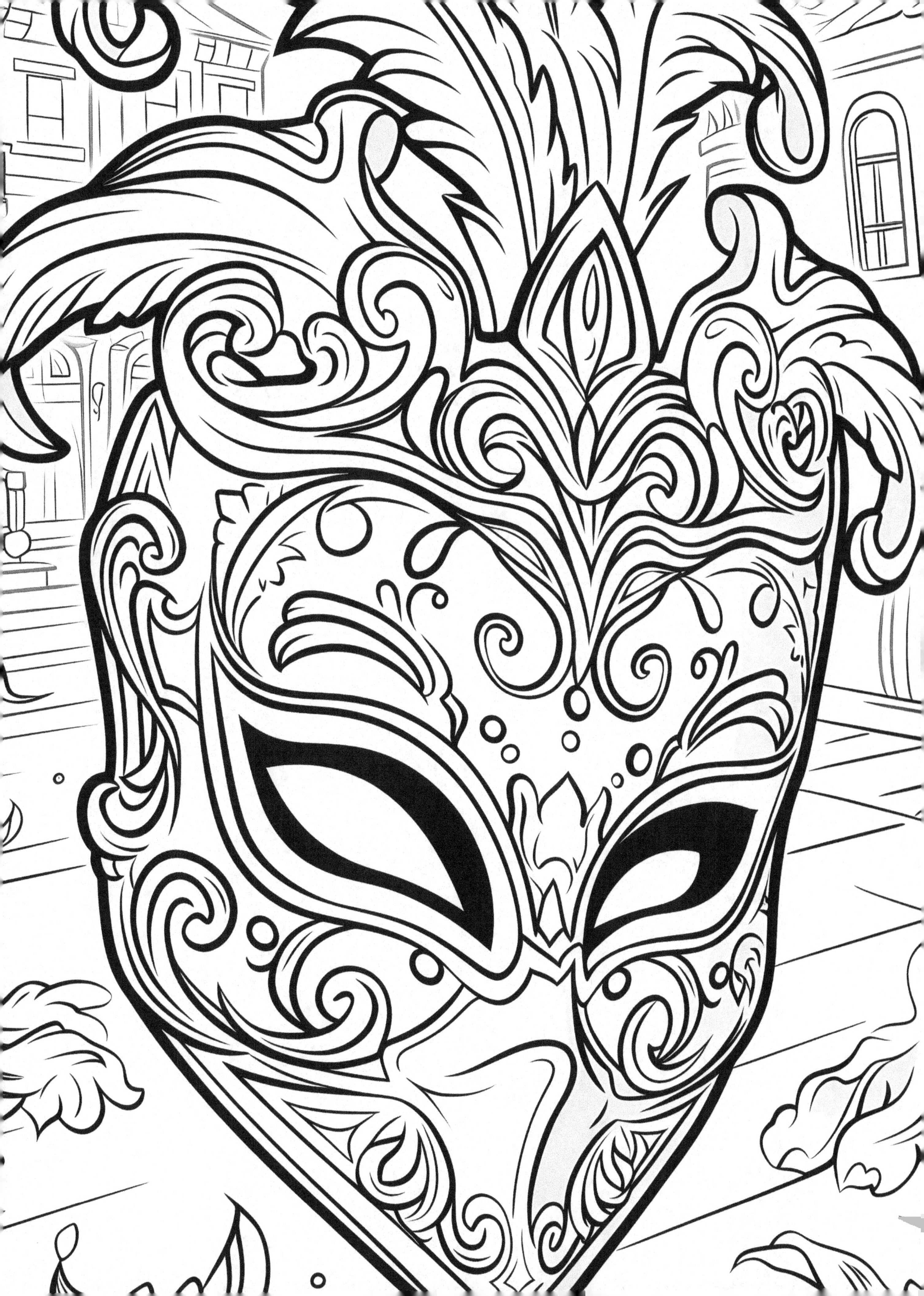

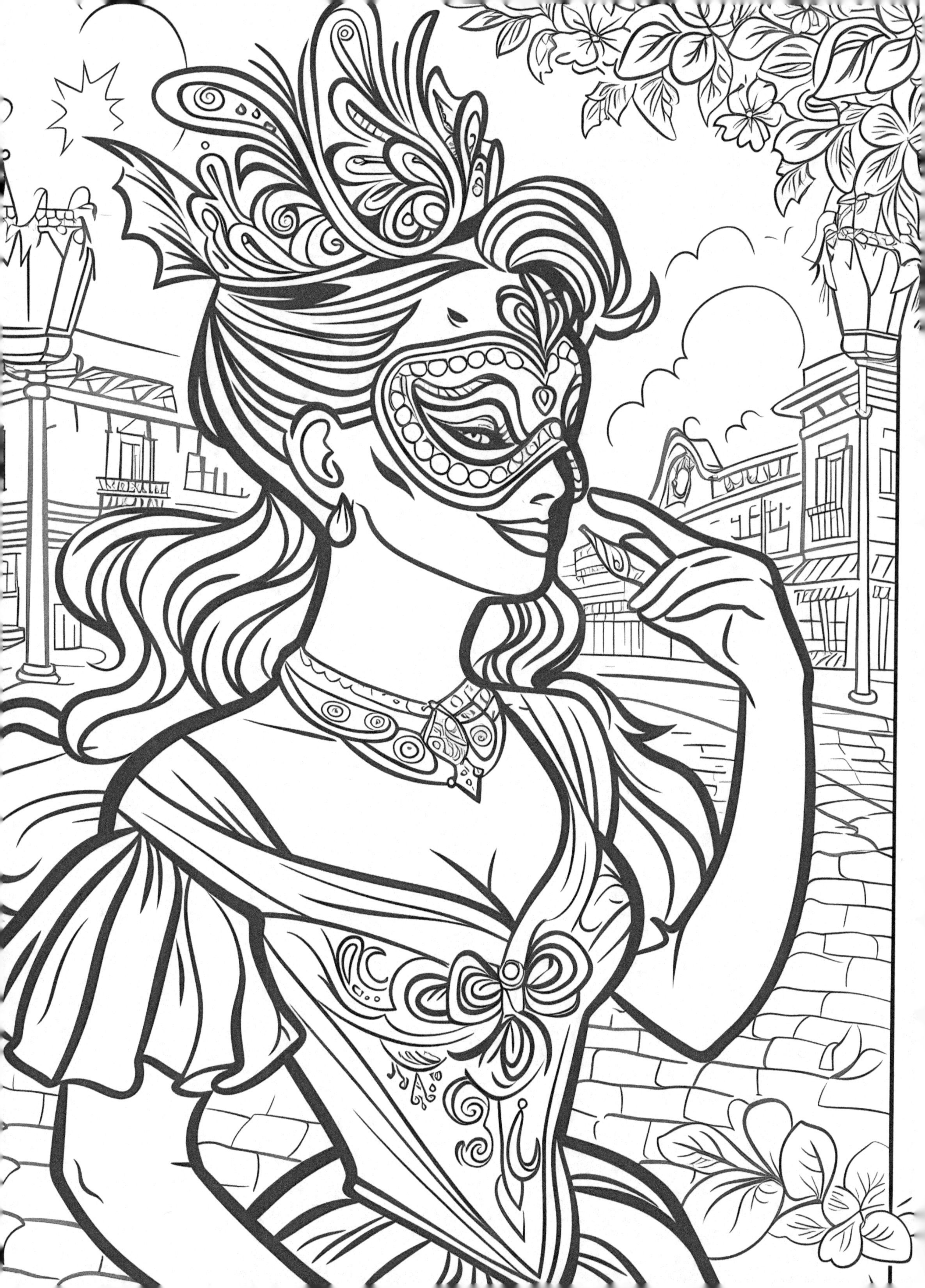

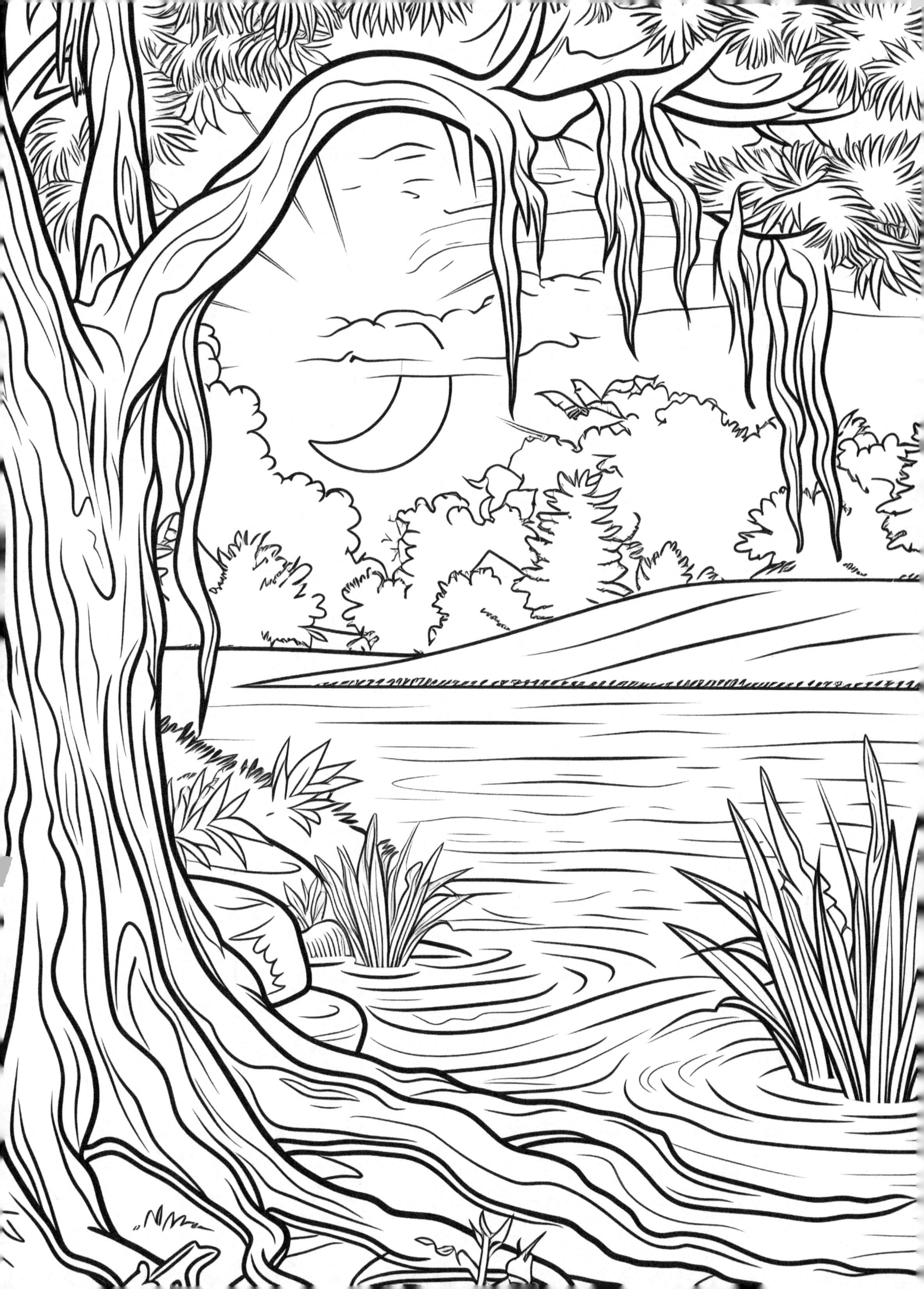

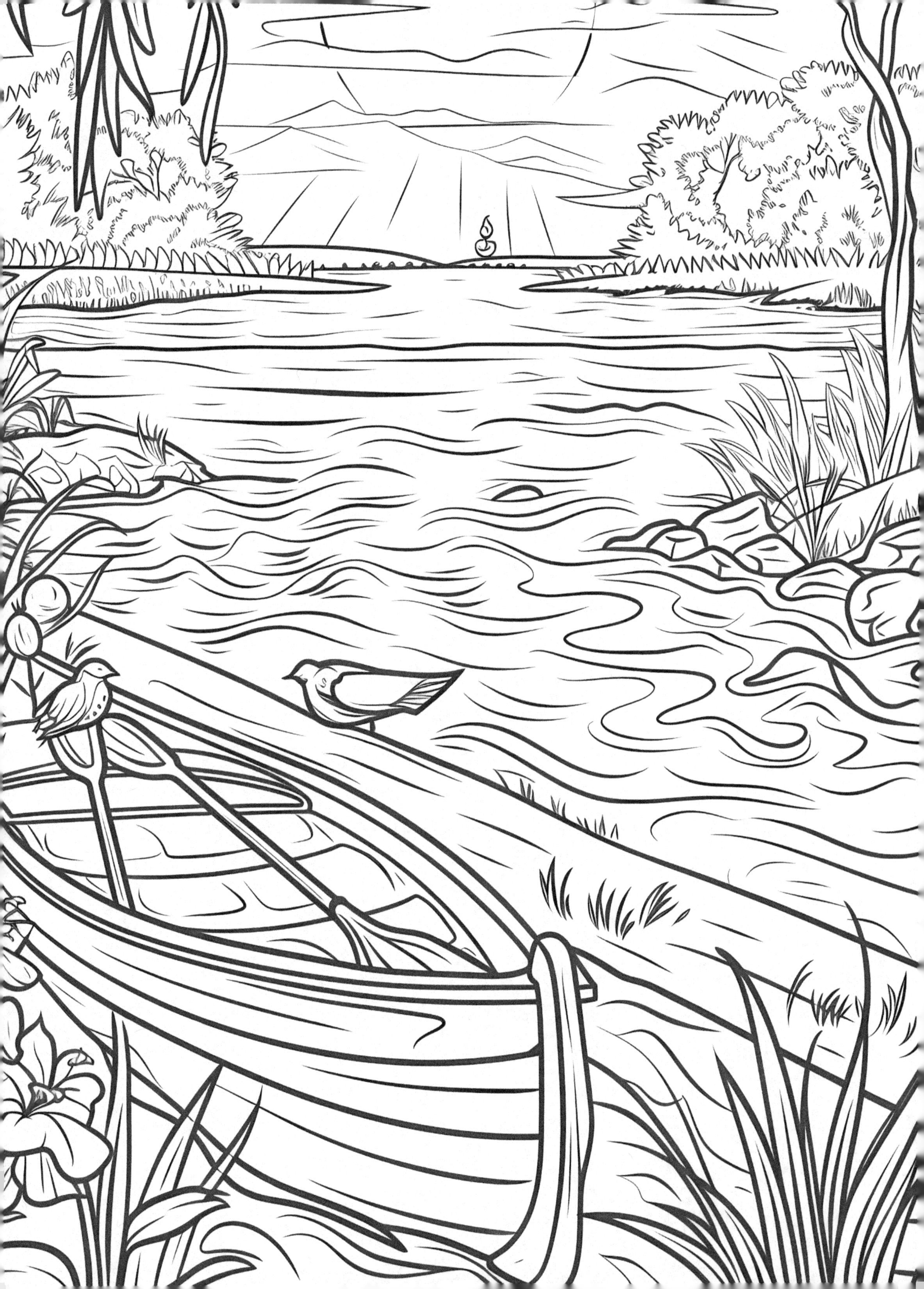

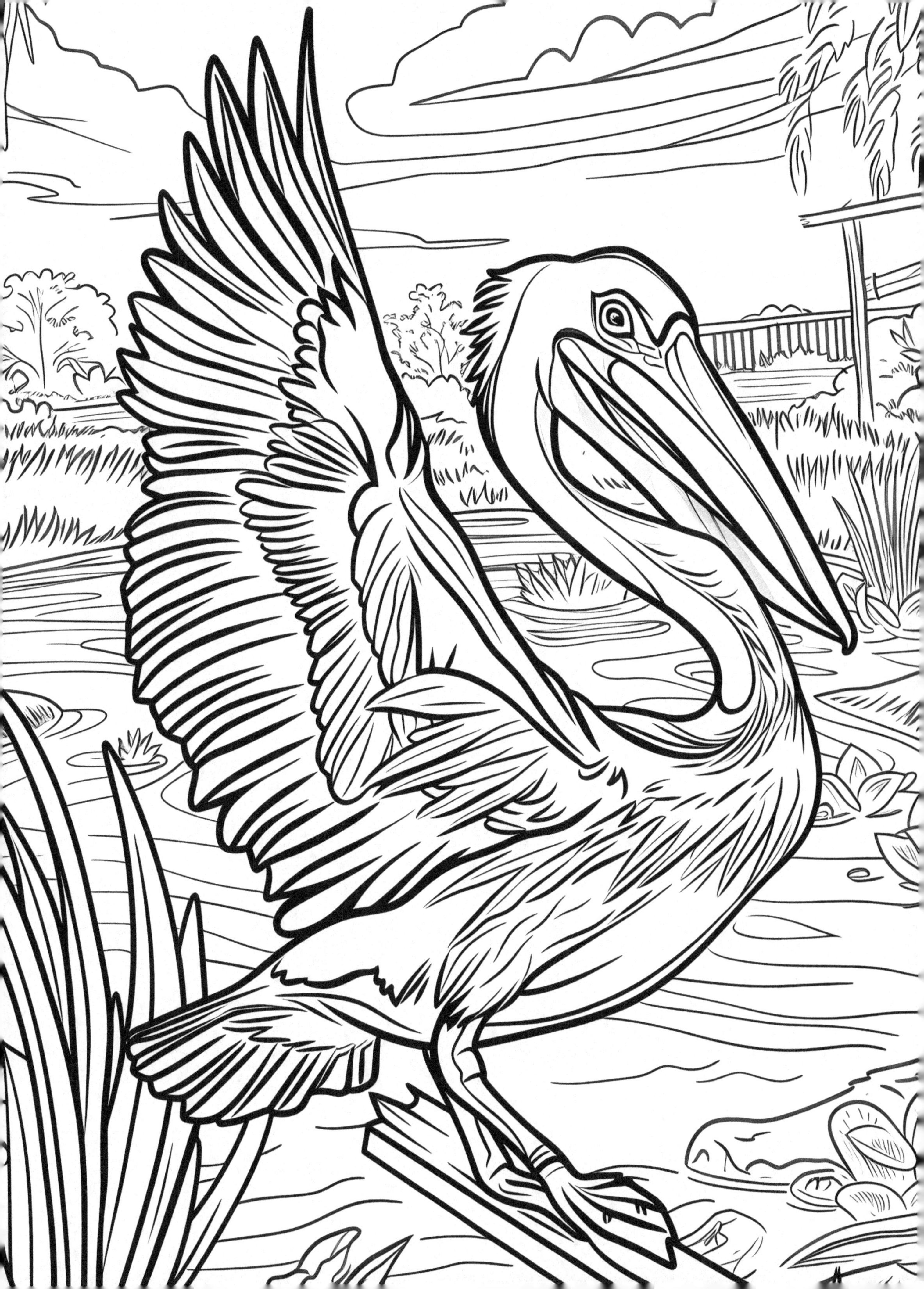

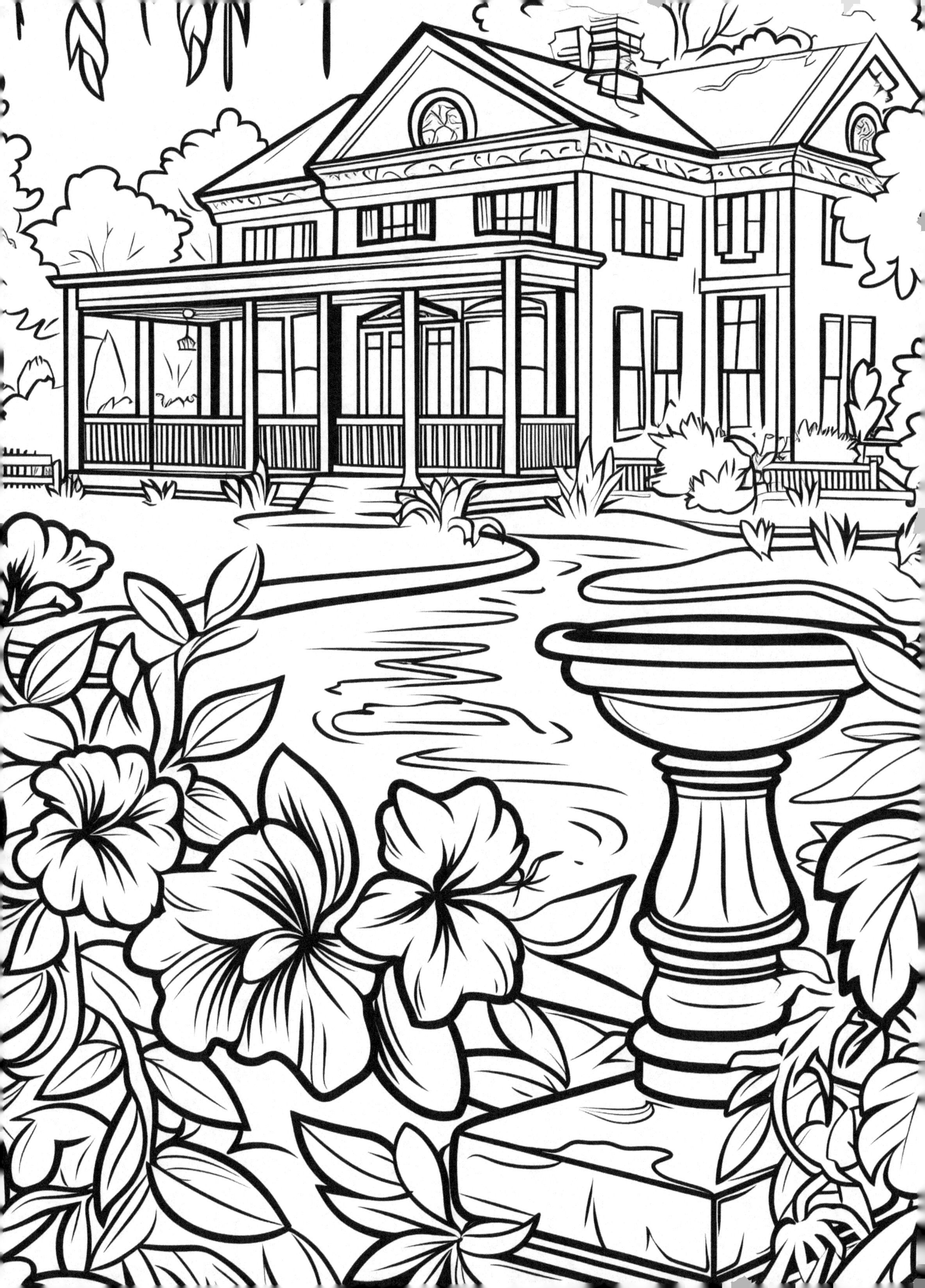

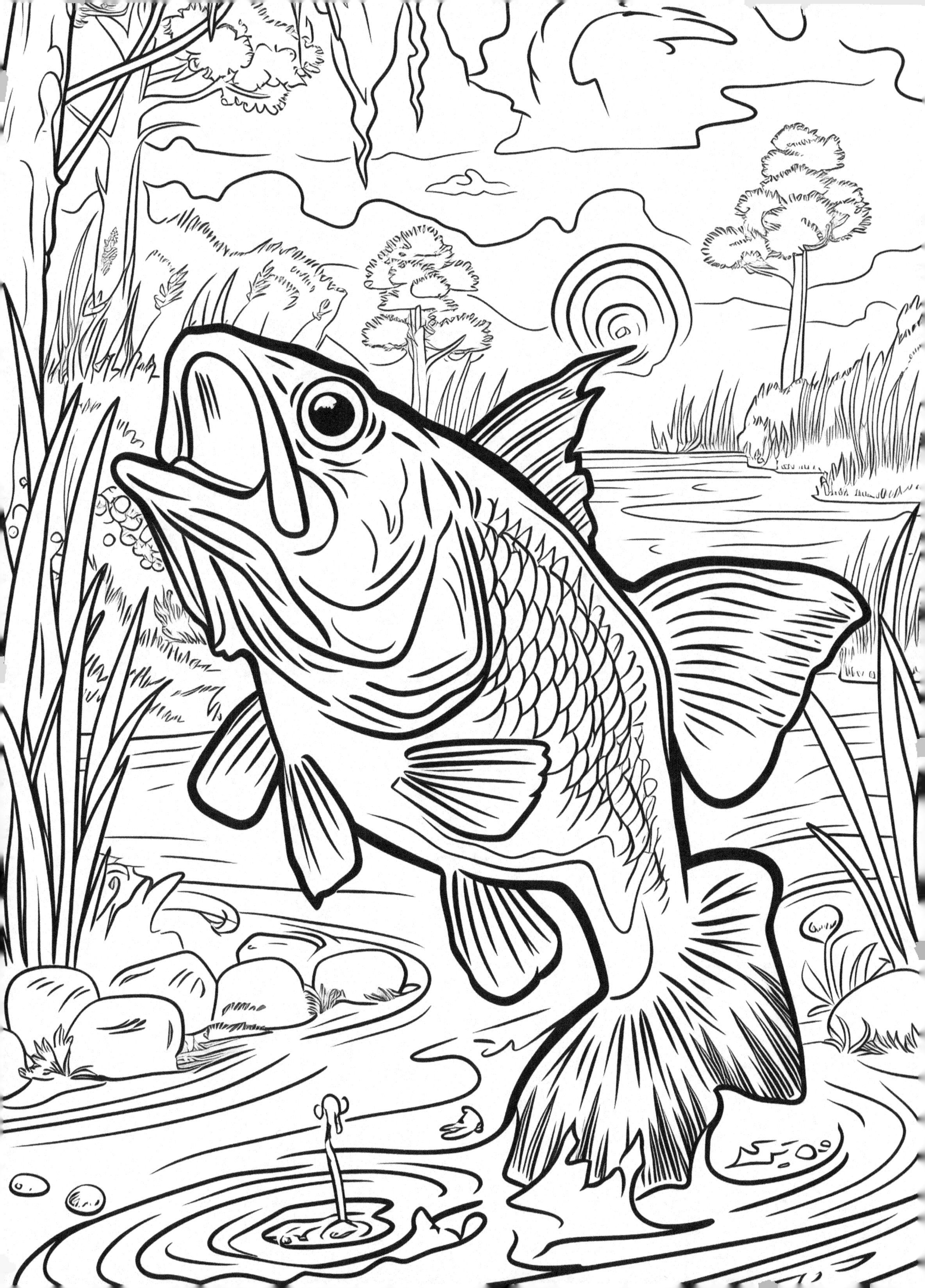

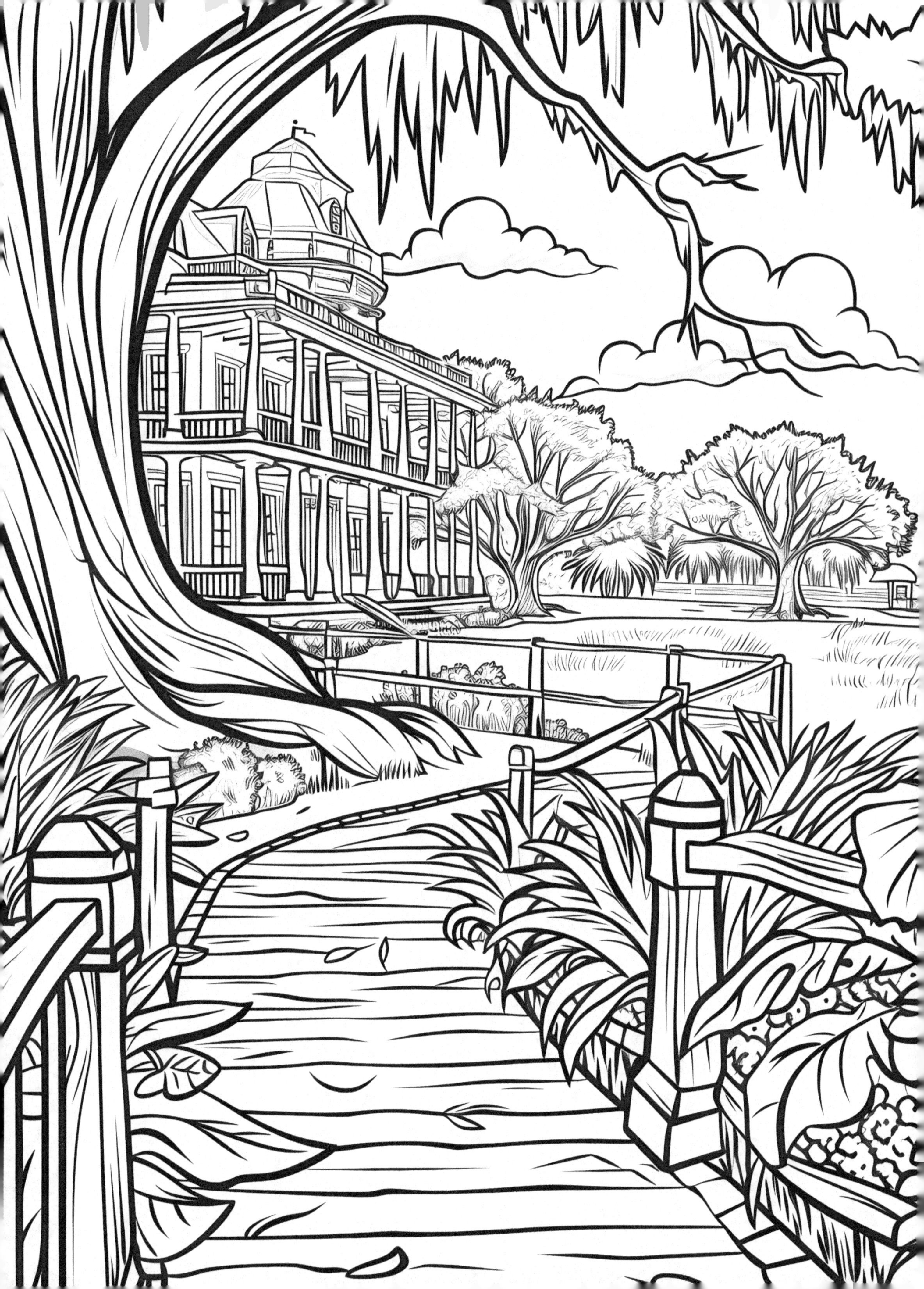

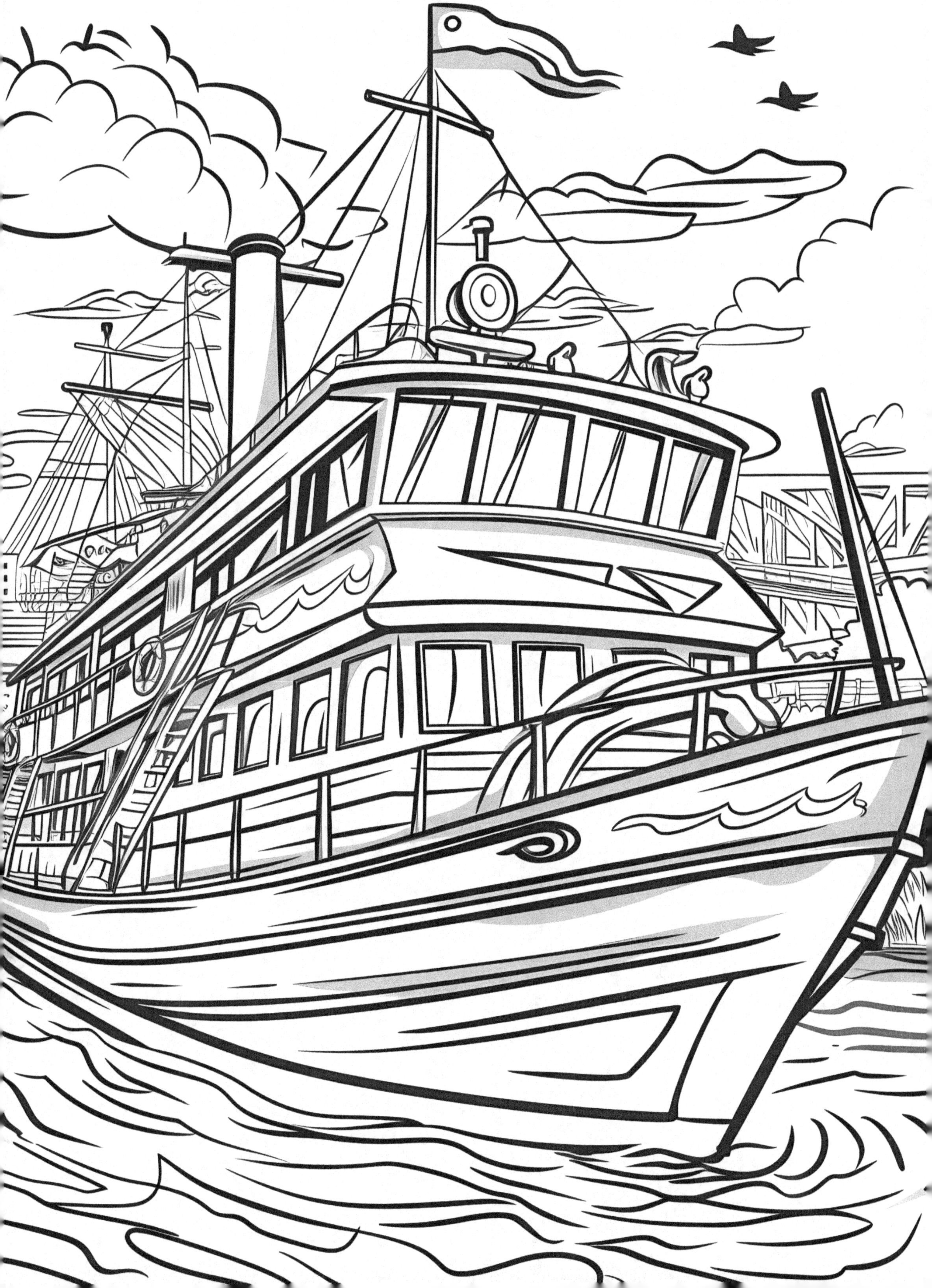

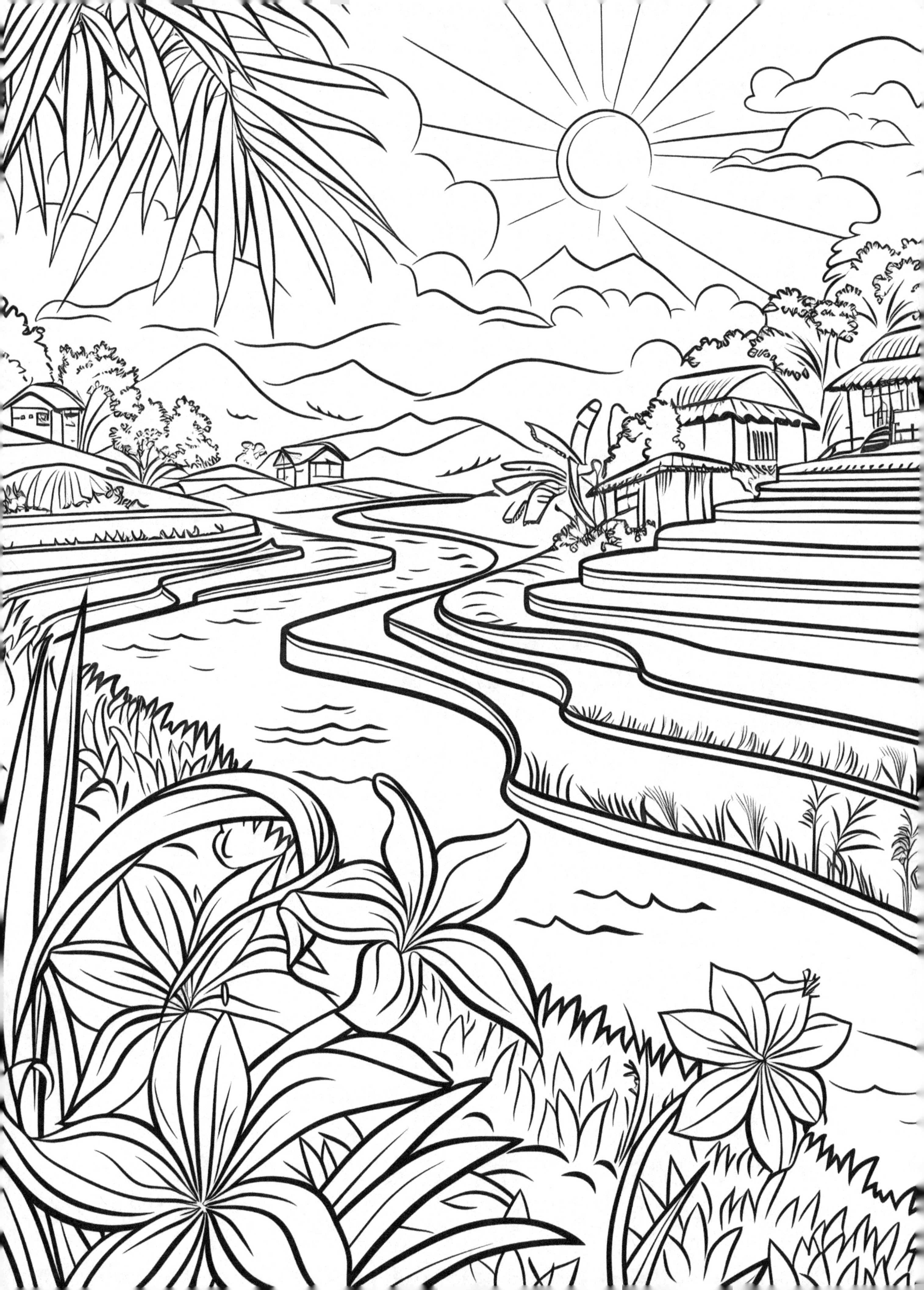

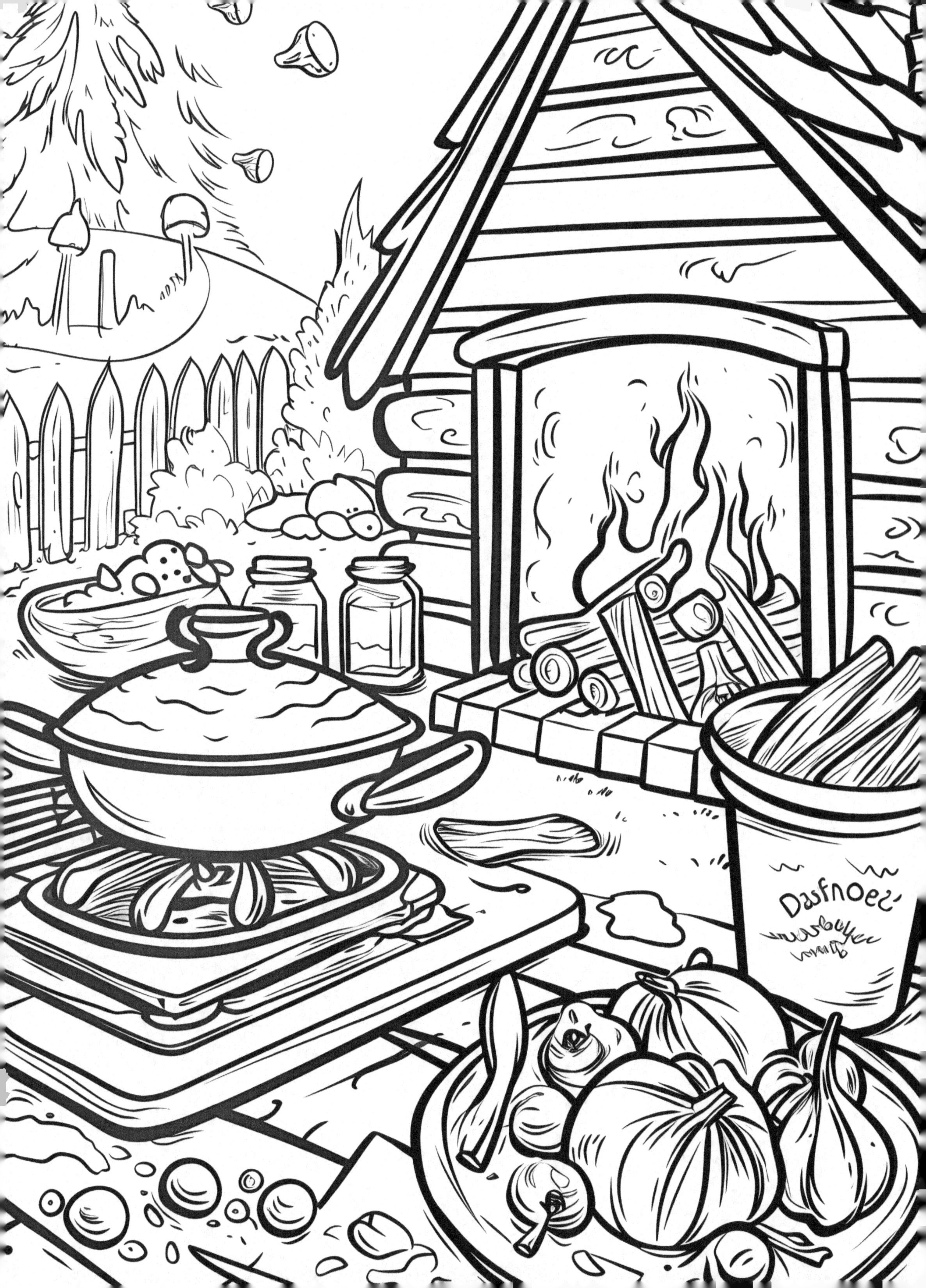
Dasfnoez'

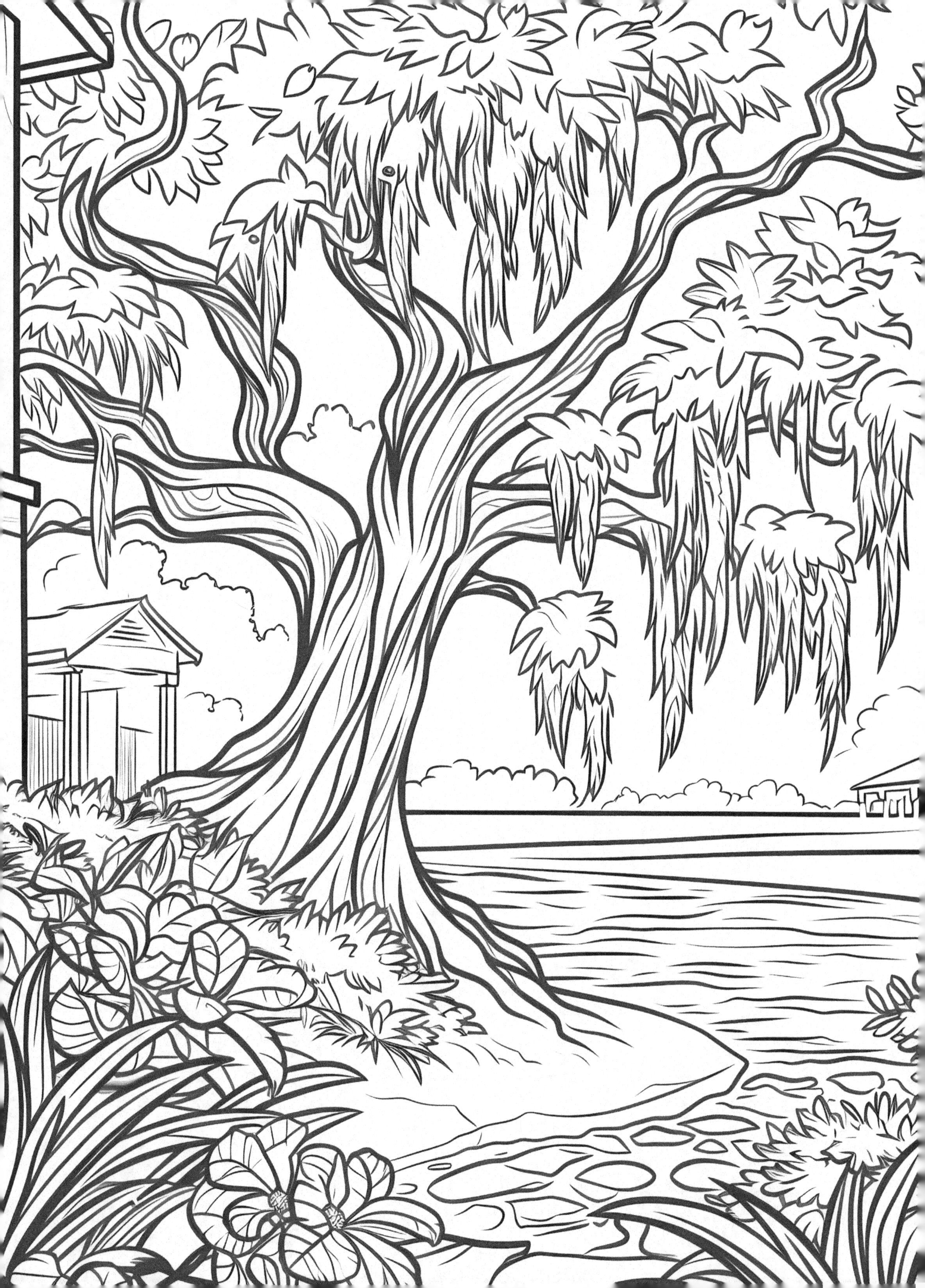

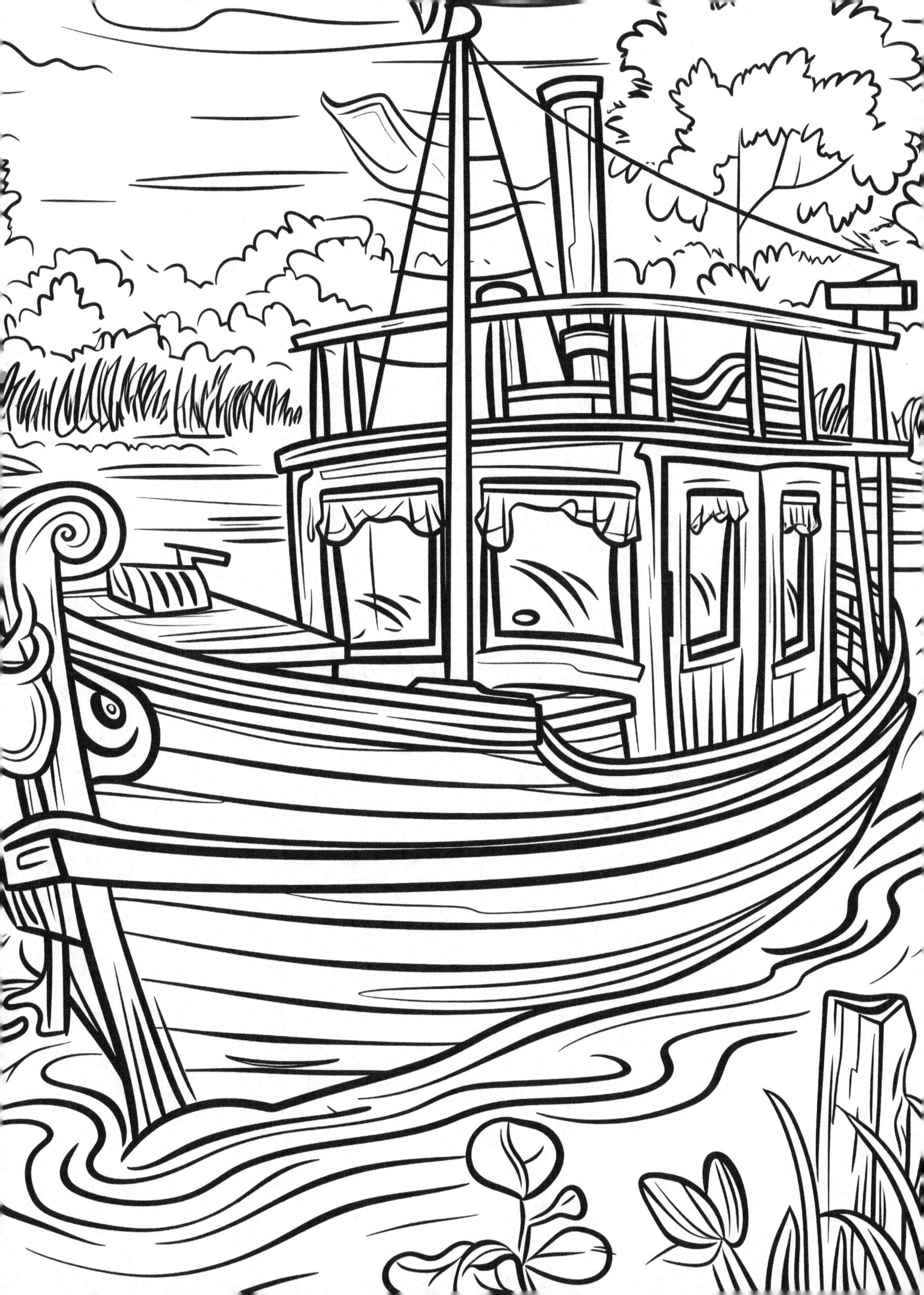

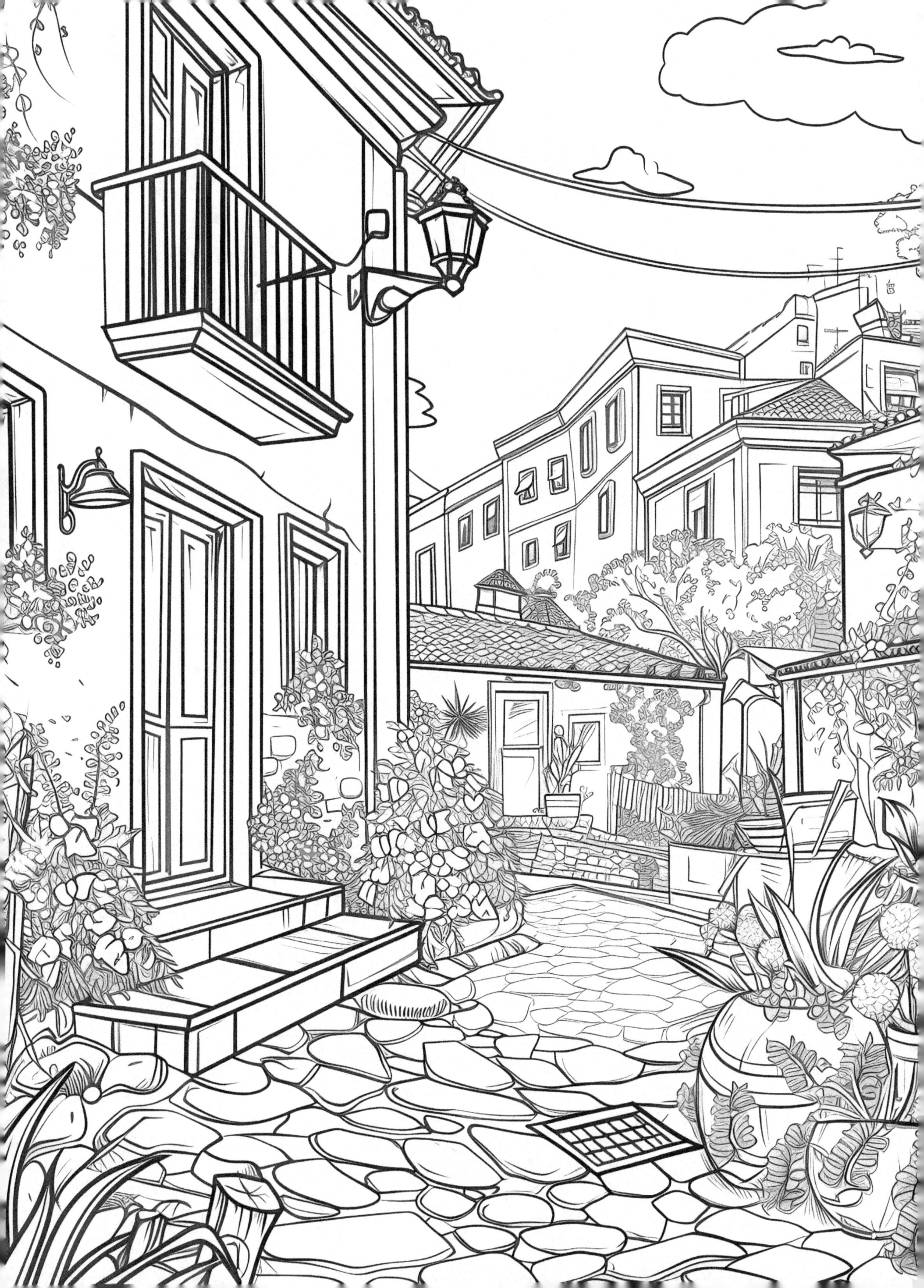

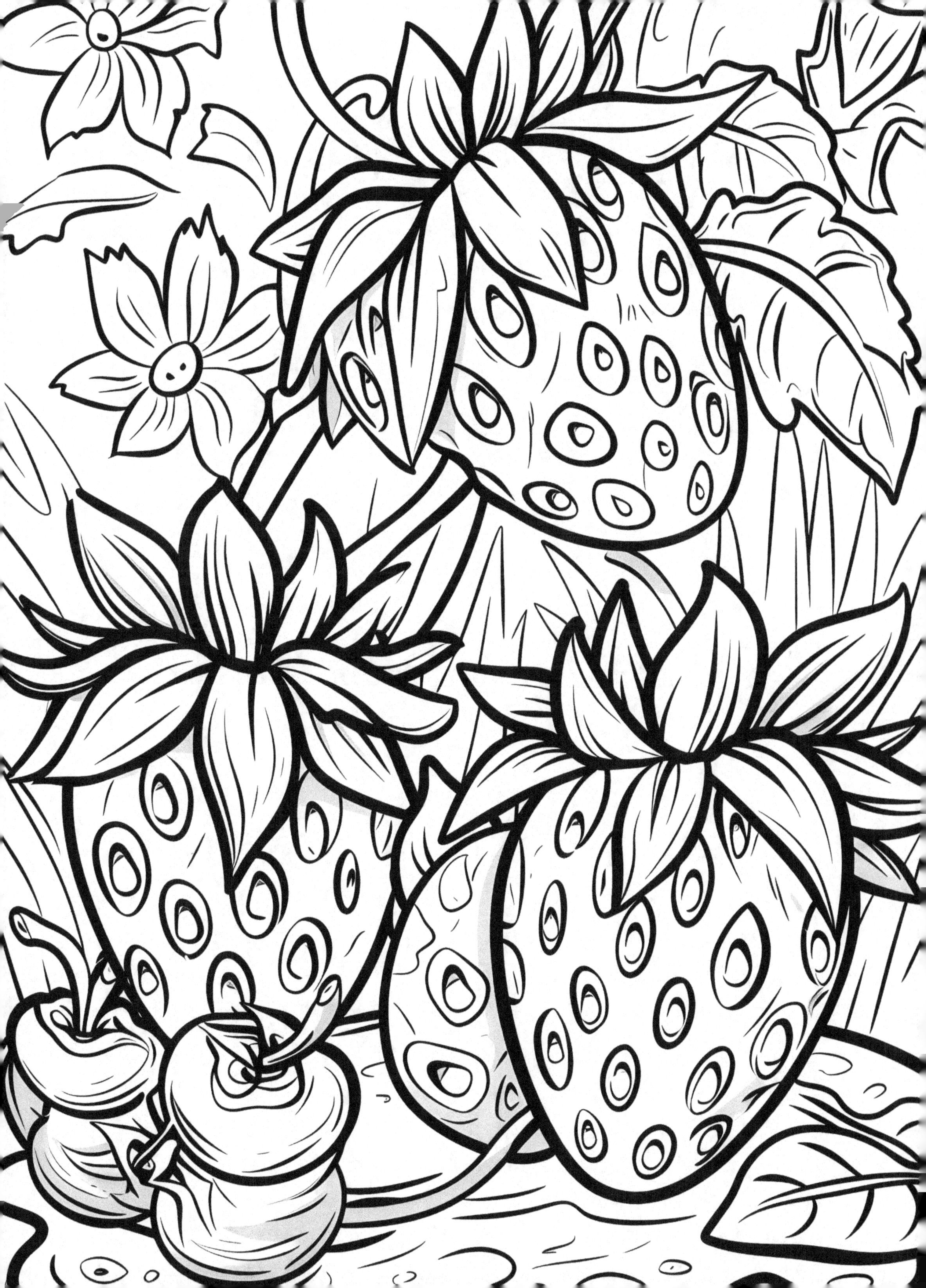

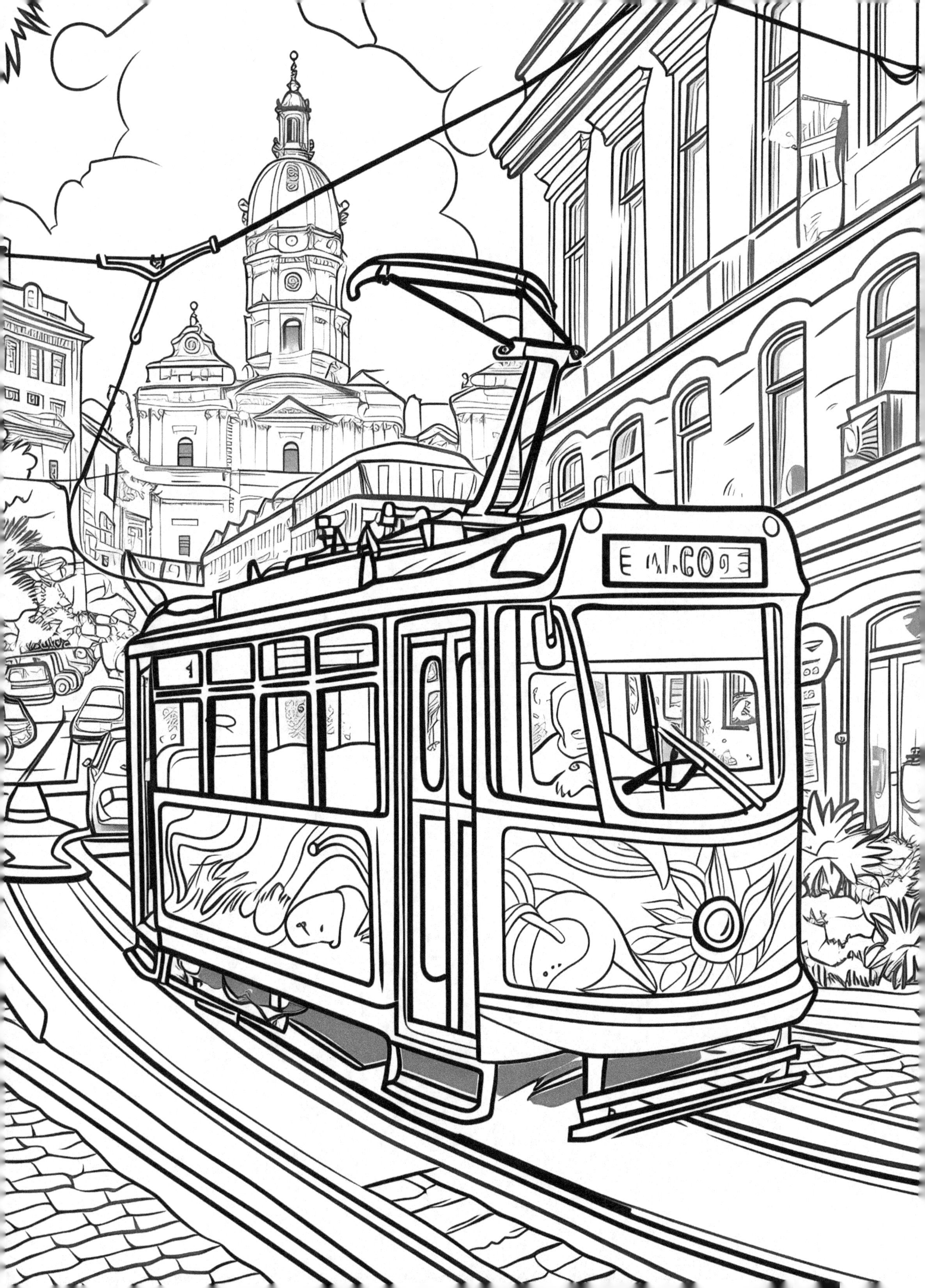

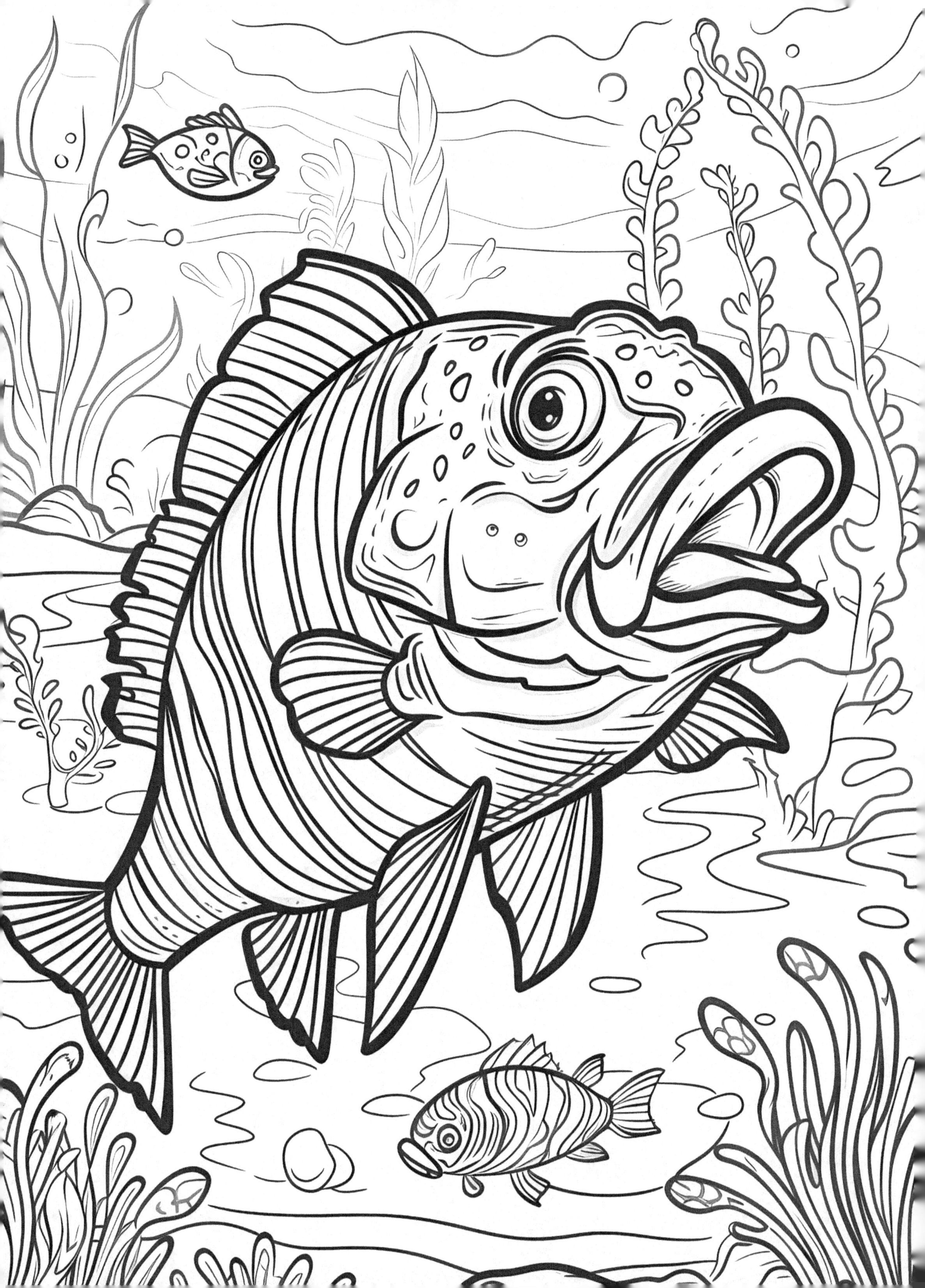

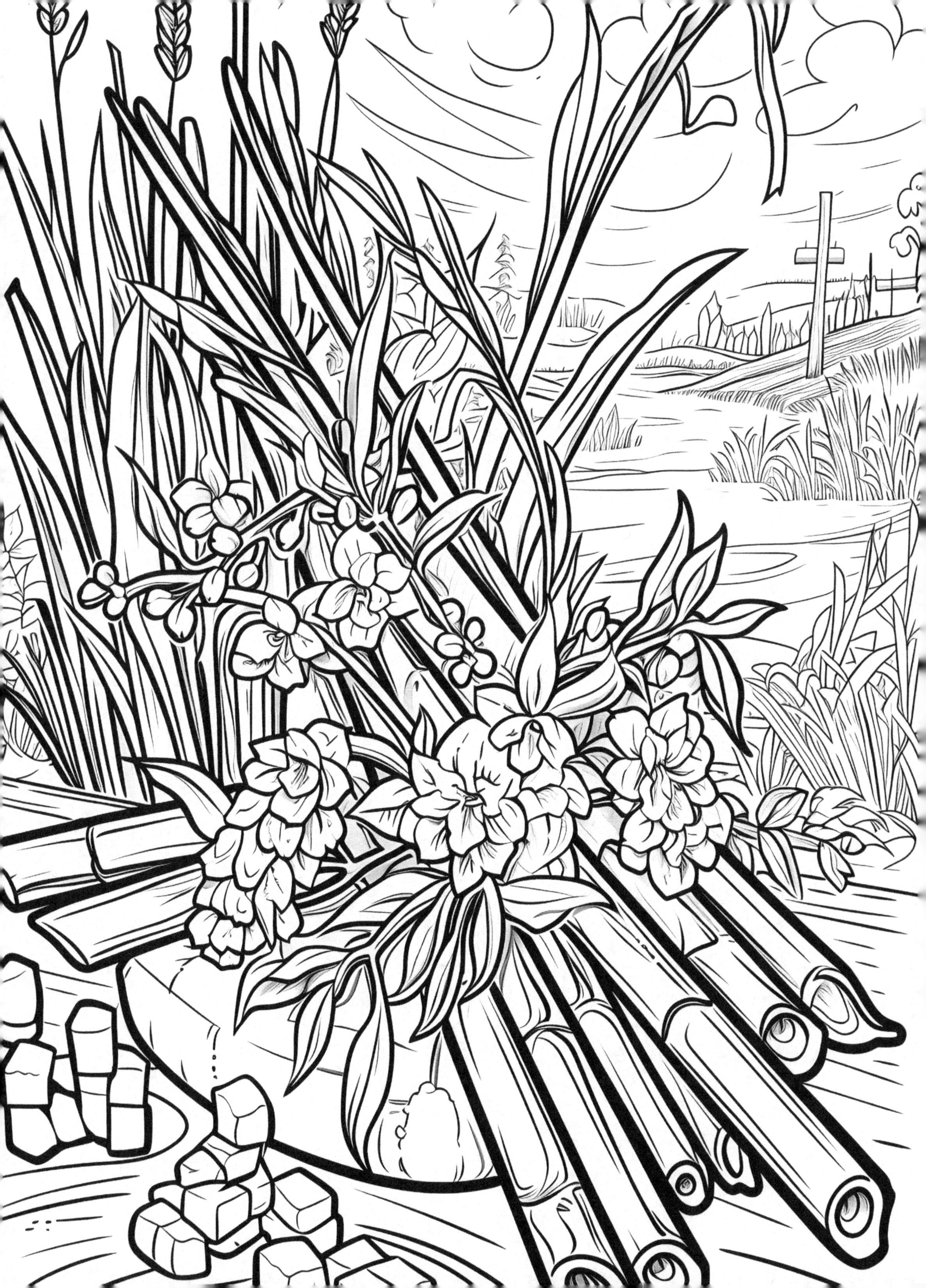

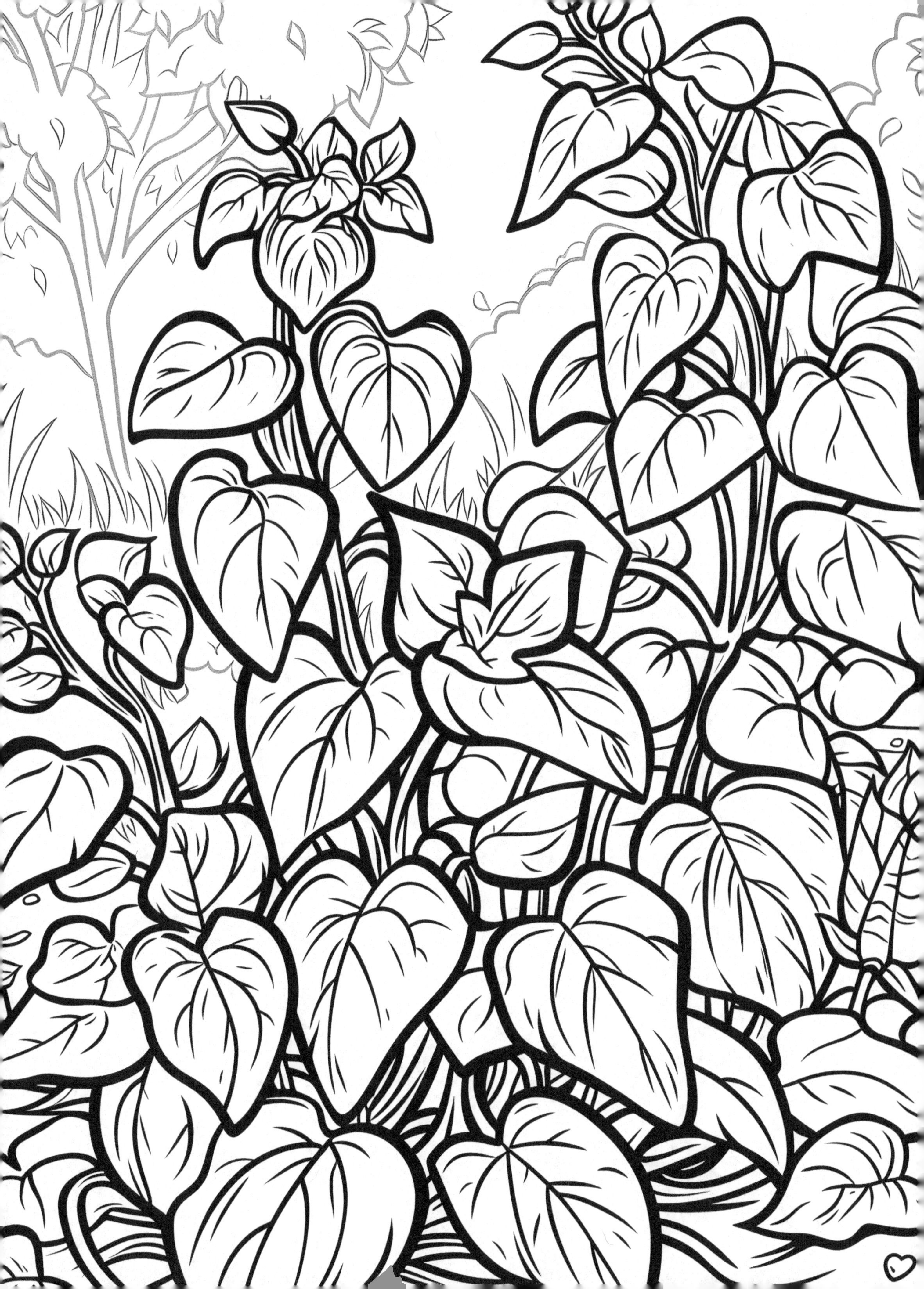

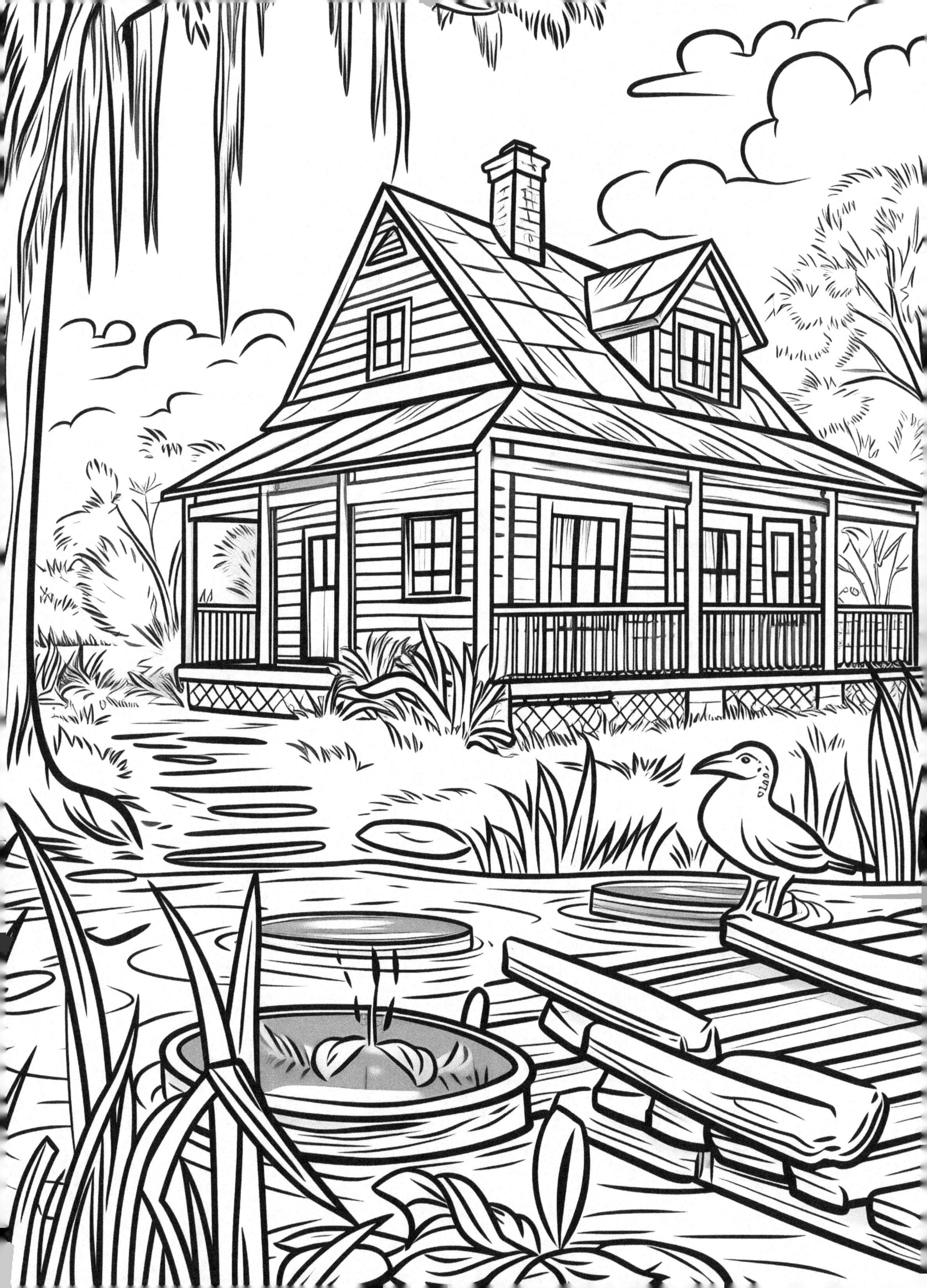

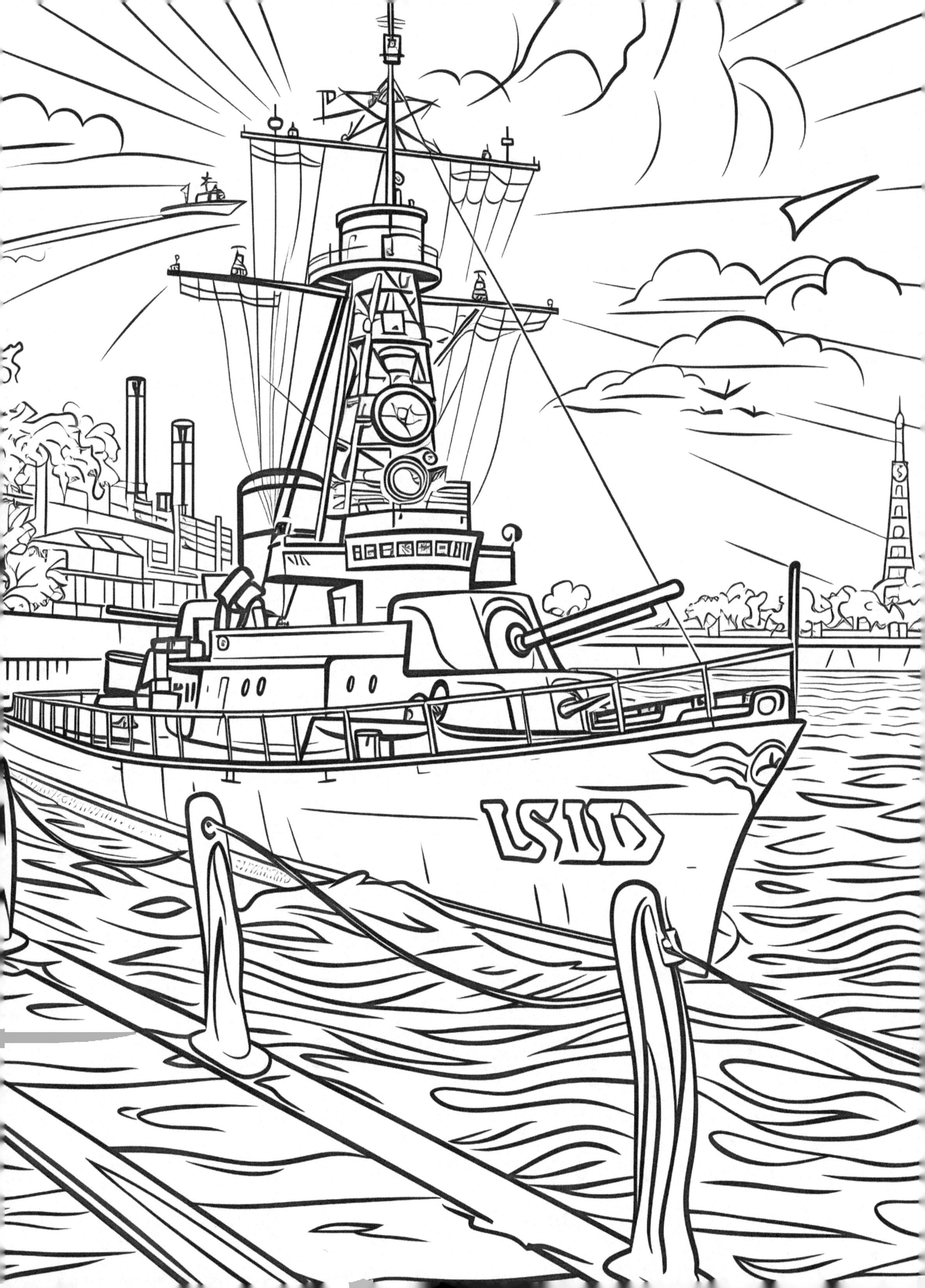
USD

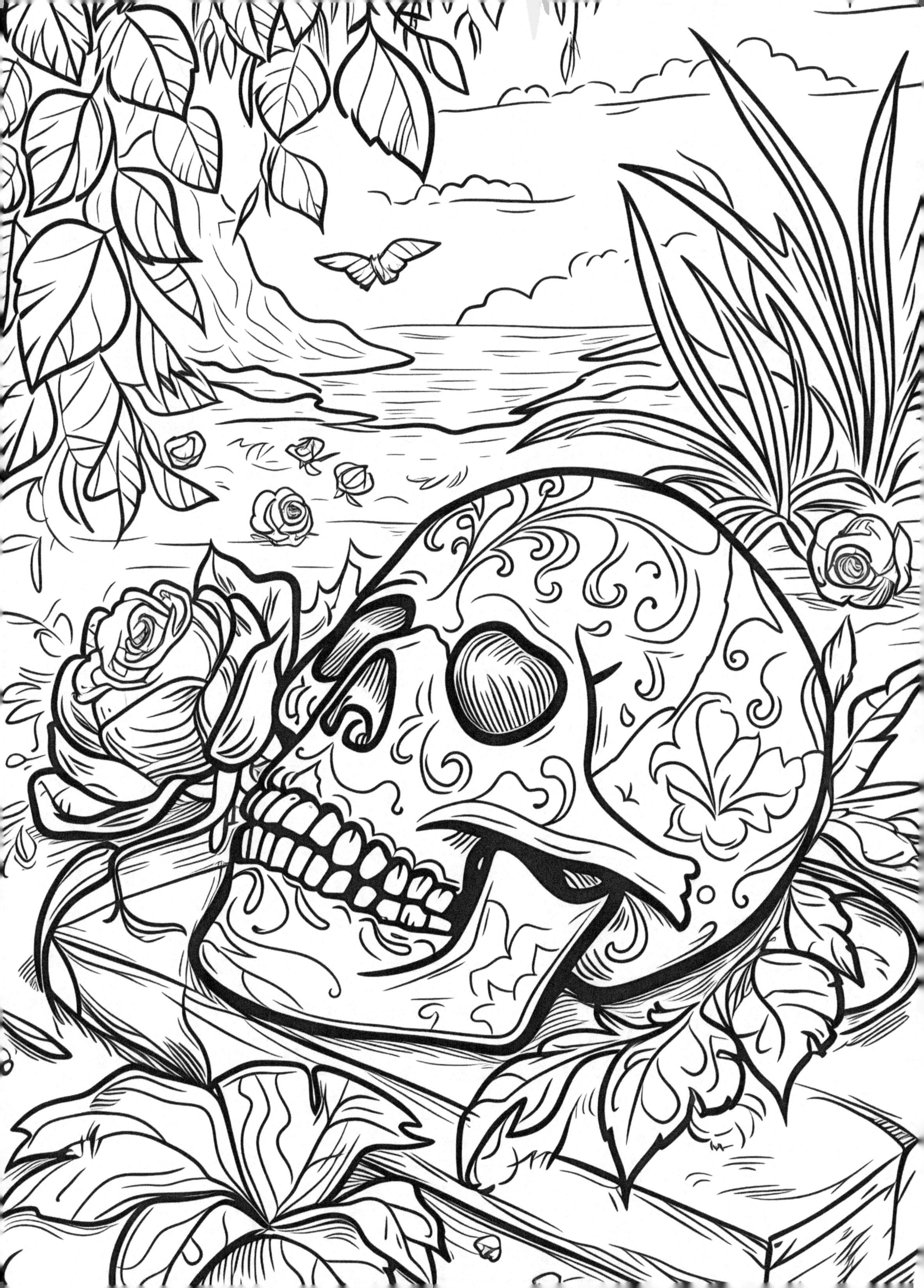

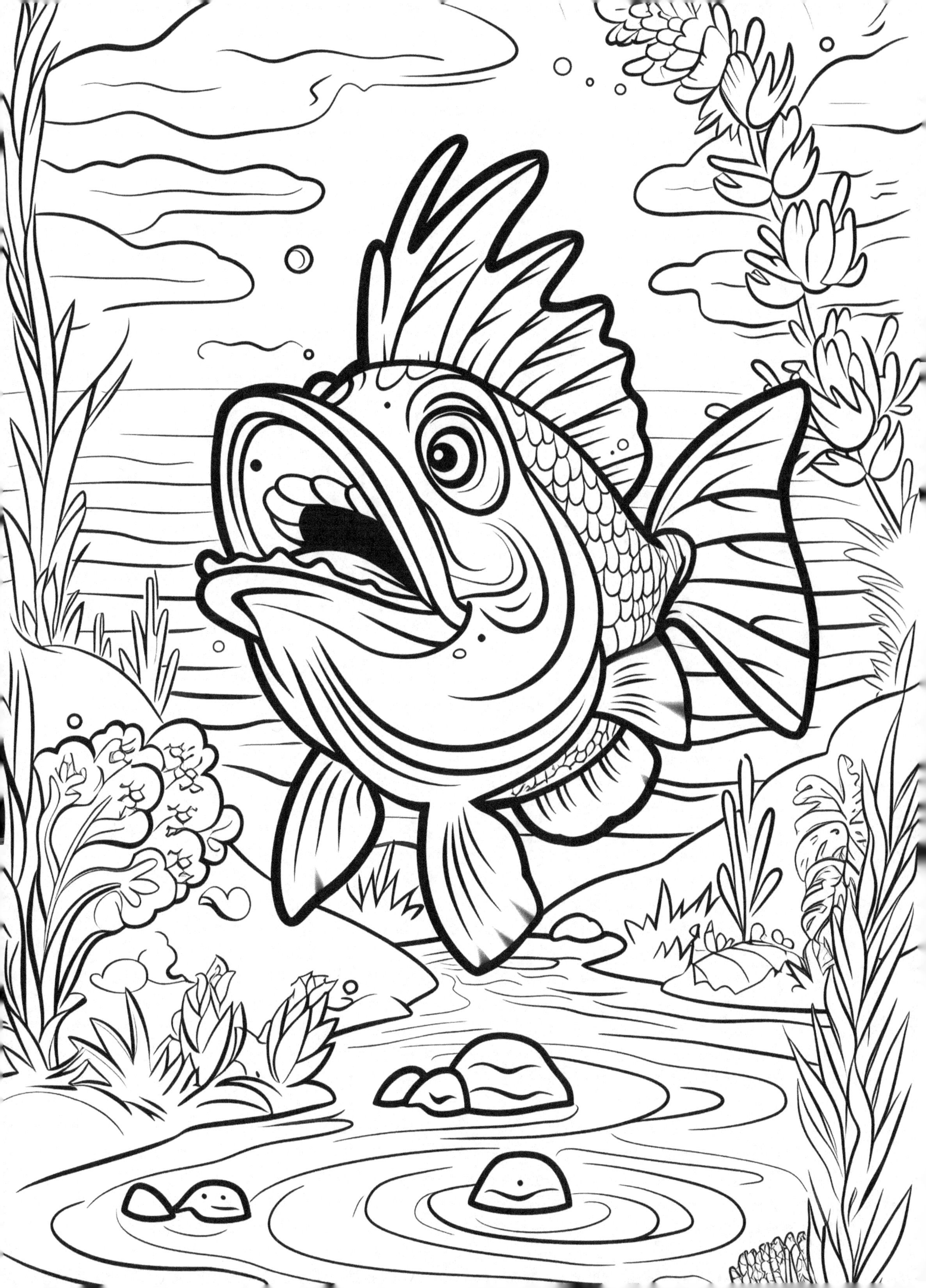

www.ingramcontent.com/pod-product-compliance
Lightning Source LLC
Chambersburg PA
CBHW081117290526
45795CB00006B/2157
9798879020274